Alexandra Brixemar

Från en överlevare till en annan

May my enemies live long so they can watch me thrive

FSC
www.fsc.org
MIX
Papper från ansvarsfulla källor
Paper from responsible sources
FSC® C105338

Förlag: BoD – Books on Demand, Stockholm, Sverige
Tryck: BoD – Books on Demand, Norderstedt, Tyskland
ISBN: 978-91-7699-697-3

"Från en överlevare till en annan" är inte en vanligt bok, den är en gåva till alla som kämpar, har kämpat, eller lever med någon som kämpar med konsekvenserna av att ha utsatts för sexuella övergrepp. Den ger förståelse, hopp, ljus och styrka. Den är en hjälpande hand som påminner dig om att du inte är ensam, och att det går att må bra igen, hur svårt det än kan kännas i stunden. Det är en bok jag skulle önska att alla som någon gång har utsatts för ett sexuellt övergrepp får möjlighet att läsa och behålla i sitt hjärta.

- Gita Rajan, specialist i allmänmedicin och medicinskt ansvarig på Wonsas specialistklinik för patienter med psykologiska skador efter incest, våldtäkt och andra sexuella övergrepp.

Förord

Jag vet inte hur din väg hit varit, vad som gör att just du öppnar denna bok och läser mina ord. Min väg hit, den var lång, kanske lika lång som din har varit.

Det sista jag minns från den norrländska orten är ben som krossas mot metall, jag glömmer aldrig ljudet, och adrenalinet som pumpar när jag stirrar ned på vad som brukade vara ett helt och fungerande ben. Nu var det krossat, och det snirkliga ärret som idag löper längs med mitt ben är för evigt en symbol för det som skedde bakom den stängda dörren. Även om detta aldrig blir en självbiografi utan en gåva till dig som överlevare, så vill jag berätta så att du kan lita på de ord som vi i den här boken kommer att dela.

Under 15 år levde jag ett dubbelliv, två verkligheter, så långt ifrån varandra. Å ena sidan utsatt och trasig, å andra sidan högfungerande och energisk. Det såg perfekt ut, men varje sekund riskerade att bli den sista.

När jag var fem år gammal blev jag utsatt för det första sexuella övergreppet, det skedde inte av en främling eller i

en mörk gränd, utan bakom fasaden av en perfekt yta och stark hederskultur.
Under tio år blev jag utsatt och torterad i vad som skulle varit min trygga vrå, mitt hem, under sex år utsatt för människohandel. När jag var 14 år blev jag omhändertagen.
Min flykt blev början på mitt liv, ett liv som till en början var svårt, kantat av självskador, ätstörningar och grav traumatisering, men sedan, fantastiskt, vackert och helande.
Sakta byggdes jag upp och hittade ett sätt att förhålla mig till mitt förflutna, idag lever jag ett fantastiskt liv.
Jag lever inte längre i skuggan, det finns inte två verkligheter, utan en ny som med tiden fått växa fram och blomstra.
Vad jag önskar att någon hållit den lilla tjejen i handen, vad jag önskar att någon hade kunnat ta bort hennes smärta.
Nu, håller du i någonting som jag önskar att jag inte hade behövt ge dig.
Framför mig ligger det högar av anteckningar och utlåtanden. Genom dessa sidor har jag varit glad, sorgsen och arg. Orden har alltid varit mina vapendragare. Jag har förvaltat och vårdat dem. Jag har gömt och jag har visat dem.

Jag önskar att jag inte hade behövt ge dig denna bok, samtidigt, önskar jag att jag hade kunnat ge dig den tidigare. Jag tänker att jag får acceptera att var sak har sin tid, ge dig dessa ord nu och tala om för dig att du inte är ensam.

För varje sida som går så kommer jag tillsammans med flera andra överlevare att dela historier och erfarenheter, hopp och förtvivlan i det vi alla mött som våldsutsatta.

Jag hoppas att du kan bära med dig dessa sidor i din kamp, jag hoppas att de skänker dig styrka och hopp även om de aldrig kan vara tillräckliga för att ta bort ditt lidande. Min önskan är att du ska få känna, om än ett litet ljus, mitt i allt det mörker som jag vet att du har omkring dig.

Är du redo?

Jag tillsammans med alla som deltagit håller i din hand.

Från en överlevare till en annan.

Om övergrepp

Ingen har rätt att på något sätt utföra en sexuell handling mot din vilja. Att utföra en sexuell handling mot din vilja är att begå ett sexuellt övergrepp. Våldtäkt är till exempel ett sådant. Det är viktigt att man kommer ihåg att det aldrig är ens egna fel om man utsätts för någon typ av övergrepp, oavsett hur situationen såg ut innan, under tiden eller efter. Du har all rätt att få den hjälp och det stöd som du behöver om du har varit med om någonting som känts fel eller obehagligt.

Sexuella övergrepp kan hända på olika platser och på olika sätt, inomhus, utomhus och/eller via nätet. De flesta övergrepp begås av någon man känner, det kan vara av en klasskamrat, tränare, familjemedlem, partner eller kompis. Överfallsvåldtäkter som innebär att någon blir överfallen av en främmande person utomhus, är mer ovanligt.

Oavsett vem du är och vem som har begått övergreppet så har du precis samma rätt att anmäla, få stöd och bli lyssnad på, ingen människa har rätt att göra någonting mot dig som du inte vill. Det spelar faktiskt ingen roll om du känner personen eller inte, om du är kär i den, hur du ser ut eller klär dig, om du är i relation med personen eller om du först sagt ja men sedan ångrat dig, du får ångra dig, du får säga nej. Ibland kan det finnas en föreställning om att individen skriker eller slåss när den blir utsatt, men, det är faktiskt mer vanligt att man inte gör det, utan istället fryser till is. Anledningen till att man inte reagerar med att skrika eller slåss kan grunda sig i att man t.ex. inte vågar, eller att man zoomar ut från det som sker. Reaktionen är någonting som vi ofta inte väljer medvetet, utan hjärnan tar beslutet om att man ska vara still eller paralyserad för att skydda en mot det som sker.

Så, om du inte har skrikit eller slagits så gör det inte dina upplevelser mindre jobbiga/fel, du kanske känner att mer skuld och skam kommer när du tänker på att du inte aktivt protesterat men försök tänka såhär; du har varit utsatt för ett övergrepp som skett mot din vilja, det är lika mycket mot din vilja oavsett hur du reagerar.

Nedan följer några exempel på vad ett sexuellt övergrepp är:

- Att någon tar på din kropp med händer, mun eller kön på ett sätt som du upplever skrämmande och/eller obehagligt.
- Att någon talar med dig på ett sexualiserat sätt som ger dig obehag.
- Att pressa eller övertala dig till sex fast du inte vill, t.ex. att tvinga dig till samlag eller onani.
- Att genom press och/eller övertalning få dig att ställa upp på en sexuell handling, t.ex. genom hot om att bilder eller att rykten annars kommer spridas om dig.
- Att någon på nätet eller utanför nätet pressar/övertalar dig att se på när någon utför en sexuell handling, t.ex. onanerar eller visar sitt kön.
- Att någon när du inte kan uttrycka din vilja eller skydda dig gör någonting sexuellt mot dig, kanske för att du sov, varit full, sjuk eller har en funktionsnedsättning.

- Att någon utnyttjar en beroendeställning och får dig att känna att du måste ställa upp på föreslagna sexuella handlingar.
- Att någon fotar eller filmar dig i ett sexuellt syfte om det är mot din vilja eller om du är under 15 år.
- Att någon försöker antingen köpa eller byta till sig sex och/eller bilder med hjälp av t.ex. pengar, cigaretter, tjänster eller presenter.

-

Det var inte ditt fel, kanske var det den viktigaste meningen att få höra. Det var inte ditt fel, det var inte du. Jag vet att du genom åren som gått skuldbelagt in i absurdum. Du kanske har fått höra det, du är värdelös, du är ingenting utan mig, du vill ju det här. Ingen skulle tro på dig och ingen tycker om dig.

Jag vet att orden slog hårt. Vi är trots allt bara människor. Tillslut blir orden den enda sanning du har. Hela tiden denna du-betoning, hela tiden detta yttre skuldbeläggande. Det är klart att du inte förstår, det är klart att du tror att det är du då, att det är ditt fel och att det är din skuld.

Du kanske skäms, det gjorde jag, jag ville ju vara bättre än det här. Jag ursäktade förövarna, förklarade deras beteenden genom termer som lät dem bli offer istället för mig. Jag svepte alla lögner, alla ord- jag har skapat det här och jag är den värsta i det här sammanhanget. Jag förtjänade det. Jag ville säga förlåt, jag ville drunkna i mitt hav av skuld.

Allt det här kanske å andra sidan inte ens behövdes för att skulden skulle komma, du kanske bara långt där inne precis som jag kände att det var du, du och aldrig dem. Det var inte ditt fel, kanske är det den viktigaste meningen att få höra. Jag skulle vilja förklara för dig så att du vet, så att du inte behöver låta tankarna vråla högt och ständigt.

Det var inte ditt fel, du är inte värdelös, du är så mycket som de aldrig såg, du är modig, stark och fantastisk. Du är bra på saker och du är en bra person.

Jag vet att du inte ville, jag ville inte heller, jag visste bara inte hur jag skulle ta mig ur situationen, och det är okej att inte veta det, den vetskapen borde ingen behöva ha i sitt liv.

Jag tror på dig, hela tiden och jämt, när du är trasig och när du är hel.

Jag behövde lära om, byta verklighet, befinna mig i samma som dem som aldrig behövt skämmas över att bli handlingsförlamade. Deras sanning var tvungen att bli min, verkligheten behövde knuffa ut lögnerna som förövarna spred. Verkligheten var att det aldrig var mitt eller ditt fel.

Du behöver aldrig be om ursäkt för din existens, du behöver

aldrig ursäkta någon som har gjort dig så ont. Jag vet att det känns som ett försvar att göra det, därför, vill jag säga till dig att det är okej att sluta försvara, be om ursäkt och känna skuld. Det är okej att du finns utan att göra alla dessa saker.

Det var enklare att hantera övergreppen när skulden låg på mig, för hur skulle jag kunna göra någon så illa att jag lät oss alla förstå hur ont de hade gjort mig?

På toppen av skuldberget tittade jag en dag ner och förstod.

Jag slutade att skada mig själv när jag insåg att det var okej att vara arg, ledsen eller sårad på grund av någon annan. När den insikten landat så kom jag att se den faktiska verkligheten ta form, jag såg den viktigaste meningen bildas; det var inte ditt fel, och kanske kan vi nu landa i det.

Det var inte ditt fel.

-

Hej liten.

När jag var lika liten som du så var jag väldigt rädd.

Jag var ganska ensam och ledsen också.

Jag vet inte vad det är som du har gått igenom.

Jag kan bara tänka mig att det måste vara väldigt läskigt och hemskt.

Jag vet inte om du vet, men vuxna måste vara snälla mot barn.

Ingen vuxen får röra dig eller säga saker till dig som är obehagliga.

Ibland kan man tro att vuxna alltid har rätt eller att dem alltid talar sanning.

Om de har gjort dig illa på något sätt så har de inte gjort rätt.

Om du vill berätta så får du gärna göra det. Ingen ska få skada dig mer.

Jag vet att du är rädd och att allt som händer är skrämmande. Du kanske återupplever saker eller så händer dem nu, du kanske har ont någonstans eller saknar någon, det är okej att det är så men vi måste hjälpas åt så att ingen får skada dig mer.

Ibland när jag är rädd så kramar jag min nalle eller pratar med någon som jag tycker känns trygg, har du någon sådan?

Om du är i fara just nu så kan du ringa 112 och så hjälper de dig.

Du ska få vara trygg nu, du behöver det.
Det är okej att du är liten och rädd, men vill du veta en hemlighet?
Jag var liten och rädd väldigt länge, jag var liten inuti men stor utanpå, du kanske också är det?
Det är ingenting att skämmas över, du är en överlevare.
Skulle du vilja försöka vara tillsammans med den som du är utanpå? Den som är stor? Det är min hemlighet, att jag inte är rädd längre.
Att stora jag och lilla jag är tillsammans hela tiden.

Vill du prova? Ingenting farligt kommer att hända.

-

Det är svårt, att vara den som ska vara stor, vuxen eller ansvarstagande.
Det kan kännas som en enorm börda att hela tiden vara den som förväntas hålla hela systemet uppe. Övergreppen och den ständiga kampen kan ha gjort dig trött.
Det kanske känns som att du inte vet varför du kämpar, när jag säger att du kämpar för dig vet jag att det ofta inte är en tillräcklig anledning eftersom att du ännu inte förstått ditt värde, eller förlorat om den vetskapen på vägen.
Men det är så klyschigt, att du kämpar för det som finns inom dig och kanske att vi genom bokens gång kan försöka hitta ett sätt att ta hand om alla delar av dig.
Alla sidor av historien måste få finnas för att du ska få chansen att läka, ni är fantastiska tillsammans, och som ett team kan ni vara så himla bra.
Det behöver inte vara läskigt hela tiden utan om man försöker att lyssna lite på vad det sägs inom en så kan man också lite i taget hitta punkter där man kan jobba ihop.
Ibland känner jag mig fortfarande liten, då låter jag mig själv vara det en stund. Ingenting farlig händer för att den delen som är jag, som inte är kvar i övergreppen, kan låta det lilla barnet inom mig finnas utan att det blir en kontrollförlust eller skrämmande situation.

Försök tänk på er som en helhet, inte separata, hur kan ni jobba i ett team?

-

Jag förstår varför.

Jag vet varför du går tillbaka, jag gjorde samma sak.

Jag vet hur mycket du hoppas, den här gången kommer alla löften att hålla, den här gången blir det bra.

Jag vet hur det är att längta, det där välbekanta helvetet som ter sig vara allt du kan. Den nya hemska verkligheten, situationen som du helt plötsligt står inför ensam, när du känslomässigt är så vilse, så rädd, trött och frustrerad.

Jag vet hur det är, att älska och hata samtidigt.

Jag vet hur det är när det inte finns en klar tanke kvar hos dig, när du är så hjärntvättad att allt du ser och hör är det du blir tillsagt.

Jag vet hur det är, när du är älskad och avgudad, hatad och otillräcklig.

Aldrig värd någonting.

Det är tröttsamt, att hela tiden tassa på tå, undvika katastrofen som ändå alltid verkar komma, jag förstår att du är otroligt trött.

Jag vet hur det är, när ingen förstår, ser eller hör, och de stunderna ensamheten sköljer över dig.

Det känns hopplöst när du tar dig modet att berätta men blir avvisad, jag vet att du är rädd, för att ingenting ska bli bra igen.

Det gör ont när de inte tror dig, jag vet hur mycket du behöver tryggheten, och andningspausen.
Jag vet att det var längesedan du var glad på riktigt.
Det är jobbigt att hela tiden behöva ligga tio steg före alla andra, och motgångarna, de verkar aldrig ta slut. Livet delar ut slag efter slag, jag vet hur du saknar det, jag vet hur du önskar att det tog slut.

Vet du?

Jag vet också hur det är att aldrig gå tillbaka igen, vilken lättnad det är att sluta leta efter anledningar.
Att förstå sanningen och sluta hoppas är tufft men aldrig värre än det jag lämnade. Tiden som aldrig kommer, den kommer faktiskt aldrig.
Förlåtet blir aldrig sagt, och om det blir det, så innebär det uteslutande att ekorrhjulet fortsätter att snurra.
Det är vackert att istället börja längta efter det som kan bli, det är befriande att sluta sakna ett välbekant helvete, och det är en upprättelse att skapa någonting nytt av situationen som nu kommit.
Du slutar inte älska och hata men du kan låta det vara så utan att det äter upp dig, och det är faktiskt väldigt skönt.

Jag vet hur det är att få tillbaka sin egen tankeförmåga igen, se allting klart, den fantastiska dagen där du öppnar ögonen och världen ser annorlunda ut- den har fler färger.
Jag vet hur det är att bli värd någonting igen, att bli älskad hela tiden och inte bara ibland, och när du kan gå med hälarna i golvet och aldrig vara rädd.
Jag vet hur det är när du hittar någon som förstår, någon som ser, någon som gör dig mindre ensam, jag vet att genom det så hittar du dig själv.
Insikten om att det kan bli bra, även om det aldrig varit det förut, lugnet i förståelsen om att du kan finna trygghet bara genom att finnas till.
Du kommer att överleva utan att behöva ligga tio steg före, du kommer faktiskt att göra mer än så, mer än att överleva, du kommer att leva.
En dag kommer du att sluta sakna för att du innerst inne hoppats att det ska ta slut.
Undantaget som vi känner att vi är porträtterar bara vår utsatthet.
Det innebär att glädjen och drömmarna som jag återfick inte lämnar dig utanför, de finns också där för dig att hämta.
Tanken kanske är skrämmande och det är okej, men du behöver inte vara rädd.
Du förtjänar den dagen, där du vaknar och inser att du faktiskt är fri nu.

-

Jag vet att det här kan kännas svårt att förstå, drivet att upprepa situationer som skadar dig. Speciellt om det blivit så att du inte minns, eller att du bestämt dig för att inte minnas det, den tiden då de trasiga delarna pusslades ihop till denna självdestruktiva era som nu är ditt liv.

Det brukade finnas ett begär i mig, en impuls om en lösning- total utplåning av jaget för att i desperationens tider finna utvägar. Priset för dessa utvägar var högt, det lämnade ingen oberörd och kanske viktigast att minnas, det utplånade sitt eget syfte. Ångest dämpas inte för all framtid genom kortsiktiga lösningar, ändå, föll jag för det varenda gång.
Och hur jag övertalade mig själv, ursäktade och blundade. Kontroll var ett ord jag ofta nämnde. Jag tänker tillbaka och inser att jag inte nämnt det på väldigt, väldigt länge, kanske för att jag då brukade behöva hävda och nämna det för att övertyga mig själv om att mitt sätt att agera var min rätt. Jag tänker inte längre i termer av kontroll och det bevisar nog att jag har den nu, utan att vandra mot förgörelse.

Jag vet att det är svårt att ställa sig mellan en individ och dennes självskadebeteende, därav vill jag ställa mig bredvid dig, för att någonstans påminna dig om att du trots allt, med destruktiviteten i ditt liv, fortfarande har smärtan.

Såhär såg mina ord ut:
"Hon har laddat sin pistol, jag önskar att jag hade berättat tidigare, nu står vi i ett inferno av matångest, framför en barriär av livsmedel som haglar ner för himlen, jag önskar att jag hade vågat äta upp det som låg på tallriken du placerade framför mig, nu står vi inför en stig som blivit täckt av bortsuddade steg, nu finns det ingen väg ut. Jag önskar att jag hade valt er sida, nu står vi i ambivalensen där ingenting är självklart, gränserna har passerat. Hon har laddat sin pistol och hon träffar, nu vet ingen vart det slutar. Svaret är borttappat bland panik, skuld och ångest. Svaret är dränkt av flytande vätska på burk, näringsinnehåll och kläderna på kroppen. De säger att det slutar här men jag lovar att det inte slutar så här."

Även där, smärtan, ambivalensen och ångern. Att ta kål på mig själv var aldrig nyckeln. Det där som jag ville åt,

ångestdämpningen, vad spelade den för roll om den bara varade 1 av 24 timmar? Vad spelade bekräftelsen för roll om det ändå aldrig var någon som såg mig på riktigt? Hur kan jag göra det logiskt att indirekt skada en person som skadat mig, genom att självskada?
Om målet är att handlingen eventuellt ska ta ditt liv, så önskar jag att du kan spola fram tiden en stund med mig och fortsätta läsa, du behöver inte lova mig någonting, men det viktigaste löftet jag givit någon var att gå hela vägen in i mål innan jag bestämde mig för om jag föredrog det mörka och kalla.
Vi bara spolar fram lite.

Det är inte alls ovanligt att utveckla missbruksproblematik eller andra destruktiva beteenden efter att ha utsatts för sexuella övergrepp. För mig blev det bland annat genom mat och träning.
Om du har någon tanke därinne som säger att du kanske tänker eller handlar på ett sätt som skadar dig, oavsett om det är likt hur mitt sätt var, eller något helt annat så kan du gärna referera till den här texten.

Försök att inte förklara bort någonting, förnekelse är en del, men prova en stund att vara mottaglig.

"Jag klev in på gymmet idag, efter många pauser, träningsförbud och år av sjukhusvård. Jag köpte nya träningskläder för att någonstans lägga tvångsträningen bakom mig. Det var dubbelt, omkring mig fanns hälsohetsen, dieterna och nejsägarna. Det var dem som stakade ut spåren i snön redan innan jag vaknat, dem som missbrukade hälsa precis som jag gjorde. Dem som tänkte på kaffe till lunch och buljong till middag som kloka idéer. Dem som började varje måndag för att varje fredag sluta. Jag ska vara ärlig, jag är livrädd för att de haft sin röst i detta, för att någonting i mig blivit triggat och jag klivit rätt in i fällan igen- för att jag ska hantera någonting eller för att jag behöver hävda kontroll igen. Jag försöker att förstå allt som snurrar, tänker igenom beslutet fler gånger än jag kan räkna. Jag väger för-och nackdelar. Sunt, sjukt, frisk, rätt och fel. Om jag tänker bortom min rädsla så är jag ganska glad också. Jag är väldigt glad, glad över att jag överhuvudtaget kan sätta min fot här. Över att jag klarar det, att jag kan köpa nya träningskläder utan att tänka att jag ska viga mitt

liv åt denna vana. Jag är så tacksam över att jag faktiskt äter fullt normalt, över att jag tar min fysik i hänsyn och över att jag är rädd och uppmärksam. Det glädjer mig att jag får fatta det här beslutet själv, att kliva in eller inte, det är helt upp till mig, jag får och jag har möjligheten att välja. Ordet balans slår mig, den som jag jobbar så hårt för att nå, jag tänker att jag börjar komma dit, det svartvita tänket börjar ge plats åt gråskalorna.

När jag är helt säker på att det är jag som vill, på att det inte under några omständigheter är ångesthantering jag dealar med, så kliver jag in. Jag ser mig omkring, fylls av endorfiner och andas ut. Min kropp tar form i en spegel framför mig och jag hinner tänka, "kroppen, vi har ju koll på det här, du och jag". Kanske också, att den halvtimmen drog linjen mellan livsskräck och livslust.

Jag ser mig själv vara konsekvent, finnas utan destruktiva tankar, och sedan går jag. Jag kliver ut och bort ifrån min första sunda vända på ett gym, ler som aldrig förr för att jag klarade mig, precis lika bra om inte bättre utan de destruktiva vanorna. Så tack kroppen, tack för att vi orkade till idag. "

Det är så lätt att tycka illa om sig själv, men försök att tillåta dig själv att bara för en stund tänka på allt som ni har klarat av, du och kroppen.
Även om ni inte alltid kommer överens så är ni ett himla bra team!
Att vara snäll mot sig själv innebär så olika saker för oss alla, det kanske känns främmande men kan du inte prova göra någonting som innebär att du är snäll mot dig själv? Det brukar vara lite befriande.

-

Dissociation är vanligt förekommande vid övergreppsproblematik.
Mina bästa knep när jag kände att jag var på väg att försvinna bort från omgivningen var att alltid ha mina hörlurar redo, jag stoppade i en snäcka i örat, satte på hög musik och fokuserade på att tyda texterna i låtarna som spelades upp i mitt öra.

Jag brukade ha en massa is i frysen, när känslorna av frånvaro kom brukade jag lägga några bitar i handen och krama, någonting kallt som pulserade var bättre än det mentala stoppet som dissocicationerna var.
Ibland kunde jag inte stoppa det, då försökte jag räkna saker på den plats jag befann mig, hus, möbler eller växter. Det var såklart svårt till en början, men aldrig svårare än ingenmanslandet som dissociationen förde mig till.

En gång minns jag extra tydligt, det står en kvinnlig polis framför mig, hon frågar om det har hänt någonting, om det finns en anledning till att jag står i min trappuppgång och hyperventilerar.
Jag förmår mig inte att svara, jag har glömt hur man pratar. Hon lägger en hand på min axel, jag känner den inte men jag kan vagt skymta dess konturer. Jag försöker att titta på henne men blicken kan inte hålla fast.
Hon frågar vad som har hänt, jag hör henne som en viskning- snart inte alls. Huvudet är blankt, tankarna, förnuftet och förmågan är där, men alldeles för långt borta. Hon frågar vad som händer, jag kryper ihop i en boll och är borta.

-

När jag lämnade det traumatiserade och svåra var jag ingen hel person.

Det gick inte att hitta eller skilja på det som var jag och övergreppen.

Jag genomgick många faser av identitetsförvirring, i hela mitt liv hade jag varit en person som inte kunde få finnas nu, som egentligen aldrig fick finnas förut heller. Överallt fanns det nya indikatorer på vem den nya jag skulle bli.

De brukar säga att jag lämnade, men jag lämnade inte bara.

Jag lämnade med krav om retuschering, ny dialekt, nytt namn, ny ort och ny omgivning. Skogen byttes ut mot åkrar och mitt emellan stod jag, jag som kunde fylla böcker med ord men ändå jag som var helt blank.

Såhär i efterhand minns jag att jag hade så svårt att greppa saker, jag kände inte igen personen i spegeln, jag kände ingenting alls.

Jag visste inte vad jag tyckte om att äta, hur jag uttryckte mig, hur jag såg ut utan våldet, vad jag tyckte om att göra eller vad jag hade för relation till omgivningen.

Det var som att vakna upp efter att ha varit nedsövd i decennium.

Jag var fullkomligt skräckslagen, men jag började med de ytliga faktorerna. Musiken, kläderna, maten och aktiviteterna. Fortsatte till värderingar, om människan, om djuren och om samhället.

Jag läste och jag lärde mig om vad som fanns omkring mig.

Jag lärde mig om sociala koder, normer och attityder.

Ibland blev det väldigt fel men då lärde jag mig att det inte är så jag vill vara.

Jag i relation till andra var svårt, det tog år och det gick fel så många gånger att andra behövde navigera mig.

Självvärde kom inte på tal för sen långt senare.

Hatet, var knivigt, hur tycker jag om det här? Det här som är så fullt av äckel, skam och trasighet.

Känslorna var svårast, jag visste inte vad en känsla var, jag kände ingenting och alldeles för mycket.

En del i att hitta mig själv var att ta itu med övergreppen, gjorde jag inte det, fortsatte jag att falla, att anamma det destruktiva.

Jag behövde våga prata, prova och lära mig.

Jag behövde stanna kvar i situationen och inte fly den som jag tidigare gjort.

Idag är jag en glad person, jag har nära till skratt, jag är engagerad i samhällsfrågor, jag älskar att skriva, dricka kaffe, prova nya restauranger och umgås med dem i min omgivning.

Jag har mål, en kärlek till ord, tycker om djur och älskar mode.

Jag tycker inte om småkryp, kyla eller orättvisor.

Ibland är jag ledsen, ibland är jag arg och ibland känner jag mig ensam.

Jag känner mig också otillräcklig, stressad och tjock ibland. Det spelar egentligen inte så stor roll för att det är den jag blev, den jag älskar att vara.

Jag tycker om mig själv och även om det tog år av misslyckade försök så står jag här idag med vetskapen om att jag aldrig skulle vilja vara någon annan.

Hur känner du? Vem är du, och hur skulle du vilja vara?

Kan du inte försöka skriva ner några rader om dig själv?

Vi kan bena ner det till tre frågor.

Nämn tre saker du tycker om.

Nämn tre saker du vill göra.

Nämn tre saker du tycker mindre om.

För mig var det en stor hjälp att skriva listor på allt jag ville göra, och kanske framförallt, kommunicera.

Ibland blir det fel i resan mot den man är, men var inte så hård mot dig själv, försök igen. Du är någon, precis som vi alla är, frågan är bara vem du är, och vad du tycker om med just dig

-

Befrielsen, hoppet och friheten.

Begreppen var aldrig exklusiva, aldrig automatiska.

Livet efter, var värre än övergreppen, värre än allt.

Jag önskar att jag kunde förklara vad det var vi gick igenom, hur livet efter övergreppen tvingades att bli.

Kanske var du där, kanske är du där nu.

Där i den största tomheten av dem alla, där i mörkret som aldrig reflekterar ljus. Läkarjournalerna spottade ur sig misär- komplex, omöjlig och svårhanterlig. Patienten bedöms ha ett omfattande vårdbehov, kroniskt traumatiserad och omfattande kroppslig skada. Det föreligger starka grunder för tvångsvård, socialt nätverk saknas, utomlänsremisser nödvändiga och grav svält. Somatisk status: kritisk, livshotande, oföränderlig.

Det var livet efter, det var min tonår.

Jag bodde på 13 olika platser inom loppet av 5 år, varför? För att ingen, inte heller jag, kunde hålla mig vid liv.

Livet efter var ensamt, läskigt och outhärdligt på många sätt. Det var sorg, ilska, tomhet och förtvivlan.

Jag minns smärtan, hur otroligt ont allting gjorde, människor, känslor, minnen och skador. Jag vet att jag letade länge och ofta efter tryggheten.

Jag är 18 år när jag vaknar på hjärtintensiven med slangar över hela kroppen, doktorer i rummet och maskiner som piper.

Ljuset är för starkt och ljuden är för höga.

Jag har förlorat förmågan att sitta, stå och andas.

Mitt behov av kontroll och trygghet har gjort att jag dragit saker alldeles för långt.

Nu vet ingen om jag får se solen gå upp igen.

Jag vill så gärna sätta mig upp, tårarna rinner tyst nedför mina kinder, jag vill berätta att jag ångrar mig, jag vill berätta att jag inte vill dö, jag vill böna och be om att jag bara ska få leva lite till men inga ord kommer ur min mun.

Kroppen är för trött för en fungerande mimik, jag ber den tyst om ursäkt.

Förlåt kroppen, förlåt tusen gånger om.

Jag lovar att jag aldrig ska göra såhär igen, bara överlev så lovar jag att ta hand om dig.

Du måste överleva.

Jag är 20 år när jag står och tittar ut över Stockholm.

Bakom mig står någon som jag älskar, jag inser att det är ganska många som finns på den listan nuförtiden. Vi har precis ätit glass och solen lyser mig i ögonen.

"Jag är glad när du är glad", jag tänker att jag faktiskt är glad, väldigt ofta nu för tiden.

Vi står där länge, jag beundrar det vackra i utsikten.

Någon knäpper av en bild, under den står orden "hon klarade det".

Jag ler, klättrar nedför den höga kullen och förstår på vägen ned att jag inte funderat på att hoppa en enda gång, jag har bara känt det varma i att faktiskt vara fri, lycklig och levande. Jag viskar tyst, vi är i mål.

Livet efter övergreppen är precis så som du vill att det ska vara.

Det är en galet tuff resa in i mål, men i mål det kommer du.

Ge inte upp, tillåt dig själv att få se allt det fina som du förtjänar. Ge dig själv den chansen, livet efter övergreppen är det vackraste du kan få.

-

Det fanns några förövare som skiljde sig ifrån den mängd som blivit.

Det är svårt att säga vad som gjort att de fått den platsen, platsen som speciell förövare.

Jag har under åren som gått försökt att inte lägga någon vikt i det, snarare, skapa en egen förståelse och acceptans kring att de var olika, aldrig en, aldrig samma.

En specifik person dyker upp i mitt huvud när jag tänker på begreppet frihet. Konstigt kanske, att specifikt välja honom som föremål för min frihet, inte alls konstigt insåg jag häromdagen när min vänstra arm gjorde sig synlig under den genomskinliga blusen.

Till en början var det enklare att tänka att det inte var min arm, ett tag förstod jag inte hur denna arm kunde vara så jobbig när kroppen gav mig hundra andra men att istället haka upp sig på.

Jag tror jag vet idag varför den armen sved mest.

När jag var barn var jag aldrig min egen, händelseförloppet är oväsentligt i detta sammanhang, det bara gick från en dag till en annan.

Ena dagen var platsen tom, andra så lös den starkt.

Det gick egentligen inte att undgå- bokstäverna som lös på min arm.

Denna förövare tog sig rätten att gravera in sina initialer på min vänstra arm, och där var dem. Två bokstäver, ojämna, infekterade och fula.

Nu var det officiellt, någon äger mig och jag är aldrig mer min egen.

Två bokstäver lös en gång ifrån min vänstra arm, de var omöjliga att missa, de gick aldrig att förklara bort. Två bokstäver, en tatuering gjord i tvång som aldrig verkade läka.

Den var precis som jag, trasig, ojämn och permanent orsaken till så mycket tragik och misär.

Två bokstäver fanns en gång på min vänstra arm, idag finns de inte längre.

Det kanske är någonting symboliskt, att referera till frihet genom initialer på en arm, men det är mitt tecken på frihet.

Min vänstra arm pryds idag av någonting annat, någonting

som är mitt.

Mitt för att jag aldrig var någon annans.

Mitt för att jag aldrig kommer att vara någons ägo.

Ingen behöver egentligen gravera in sitt namn på din arm, jag vet att du ofta känt att du inte är din egen ändå. Det gjorde jag, långt innan initialerna kom.

Vad jag möjligtvis försöker säga är, hitta ditt tecken. Vad är frihet för dig?

Det är inte rättvist av mig att tänka att frihet är att glömma bort övergreppen, dem bär du med dig, friheten, den är centrerad till dig. Aldrig någonting som de skapar.

Frihet kan vara att cykla i nedförsbackar med hår som flyger åt alla håll, att kunna resa till ditt favoritland, att kunna gå ut utan att vara rädd eller att kunna släppa någon annan nära.

Friheten behöver inte vara ytligt storslagen, den ligger i allt det lilla, i allt det fina som du skapar åt dig.

Den är bara din och ingen ska någonsin få dig att känna dig som ett stulet objekt.

Vad är eller vad skulle frihet kunna vara och betyda för dig?

Den är bara din och jag lovar att du får bestämma.

-

Om ni kunde lyssna efter något annat än mina ord.

Ni ville älska men visste inte hur man förlorade.

Ni ville hata men hade aldrig segrat.

Utan att någonsin känna efter såg jag alltid hur vi kröp in i varandra.

Jag var kantstött, det var svårt att hitta rätt när man blundat så länge.

Vi var alldeles för nära, att andas samma syre skapade ett avstånd som var dödligt.

Det fanns ett löfte, livslånga bindningstider skapade desperation.

Det jag skulle ge er hade jag för länge sedan tappat bort.

Det ni gav tillbaka var aldrig menat för mig.

I mörka rum dolde vi all världens smuts, ljuset bländade oss alltid.

Vi hade varit utan väderväxlingar så länge.

Träd som skiftade, knoppar som slog ut, vi var bara där för att se marken asfalteras.

Vi var osynliga och anonyma, å andra sidan trädde vi fram som ingen annan.

Vi hade för länge sedan vant oss vid publikhavet.

Dofterna signalerade när det var dags att vända blad.

Det var meningslöst för vi skrev våra egna manus.

Jag memorerade som ingen annan, gav räknandet logik för att orka till finalen.

Ingen lärde mig att varje början har ett slut.

Och jag skulle ha bett er att stanna om ni hade kunnat lyssna på mer än mina ord.

Jag skrev era namn på en papperslapp, vissa saker var omöjliga att glömma bort.

Ni skrev mitt på ett videoband, kommer ni ihåg att ni svarade orden fel?

Med tiden blev vi namnlösa, goda och onda, ingen och allt.

Vem är vi nu?

Jag kunde aldrig förmå mig att öppna era ögon, bryta förseglingen ni satt på mina läppar.

Hur skulle jag kunna tala om ondskan när den gjorde så

ont?

Om ni hade kunnat lyssna på mer än mina ord så hade vi kanske återfått förmågan att vara nära.

-

Jag sitter på en ihopsnickrad säng långt ut på landet.

Det är glada campinggäster omkring mig, här finns ingen stress, inga vardagsmåsten. Solen skiner och havet har kristaller. Det är den perfekta idyllen.

Här har jag varit lycklig, här har jag varit trygg.

Jag önskar att jag hade kunnat fortsätta vara det, ge mig själv den här pausen, bara låta lugnet fylla mig.

Men jag har flytt och jag förstår att jag inte kan fly längre.

Telefonen har ringt i ett, denna måndag i juni rämnade marken under mina fötter. Det har varit tuffa veckor, ordet depression nämns och den destruktiva ådran bränner som aldrig förr.

Inom mig finns den lilla tjejen, hon är rädd, sådär rädd som hon brukade vara när hon var själv med förövarna.

Jag har burit henne länge nu, förvaltat hennes arv.

All smärta och ondska hade vi ersatt med glädje.

Nu, nu tappar jag henne ur min famn.

Smärtan lämnar mig i desperation, slagen gör röda märken på min hud, varje ord gör att jag ramlar längre och längre ned.

Tillslut denna måndag, har allt nått sin gräns.

Jag tror att du förstår, den där känslan när det bara tar stopp, när det gör så ont att det bara går att se en enda utväg.

Jag tror det var så jag kände när jag i en campingstuga plockade fram alla kartor av substanser jag hittade och svalde.

Jag tror att det var svek jag kände när jag begick mitt första självmordsförsök.

Efter 15 år fick jag nog, efter 15 år var jag så skadad av sveken att hoppet, ambitionen och viljan inte längre gick att skymta.

Jag undrar ibland vilket som var värst, förövarna eller samhällets svek.

Jag vet fortfarande inte men jag lärde mig att sveken var de som skadade mig mest.

Jag önskar att jag kunde be om ursäkt till dig, å hela världens vägnar.

Varje gång någon tagit ifrån dig möjligheten, varje gång

någon lämnat dig i denna känsla av total desperation.

Det är fel av mig att be dig att fortsätta ändå, att försöka igen, att lita en gång till. Jag vet ju vart det slutat så många gånger tidigare.

Jag kommer inte att säga till dig att de menade väl, att du kan få tillbaka det de tog.

Jag kommer aldrig kräva av dig att du orkar, jag gjorde inte det.

Jag kommer inte heller säga till dig att de menade väl eller att du kan få tillbaka det de tog.

Däremot vill jag hålla dig en stund i den här smärtan, oavsett om den är orsakad av förövare, omgivning eller myndighet.

Jag vet att det gör jätteont, att man känner sig fruktansvärt ensam och att det är svårt att fortsätta sen när man vet att sveket inneburit att någonting stulits från en- en barndom, en hjälpinsats eller en rättighet.

Att hela tiden kämpa för att få finnas är svårt, jag minns att jag vrålade det- jag orkar inte kämpa för min existens, jag orkar inte övertyga andra om att jag ska få finnas.

Jag håller dig en stund i allt det här onda, sveken betyder inte att det var du som var fel. Du förtjänade aldrig det här, jag är så ledsen för att du blev sviken, lämnad eller förstörd.

Du får finnas och jag vill att du finns.

Det går att bära sveken med sig utan att de bränner som lava.

Jag vet nu att det jag utsattes för var fel, tiden efter övergreppen hade jag rätt att få bli hel igen. Den chansen var ofta svåråtkomlig men jag vill ändå visa dig att jag segrade ändå.

Jag vill att du ser att du har styrkan inom dig, låt inte någon ta den ifrån dig.

Du förtjänar allt som är vackert och tryggt.

Jag håller dig en stund i allt det här smärtsamma, men sedan vill jag hålla dig för alltid i vägen framåt.

För jag vet, jag vet att du är en överlevare och att vi överlevare tillslut lever igen.

-

Jag vet nu att det är svårt att förklara vad det var de tog, omfattningen på det.

Alla områden i livet som infekterats av övergreppen.

Allt som någon annan hade tagit för givet.

Hur berättar man för någon att de basala behoven som människan har snarare är en raritet än ett faktum?

Hur berättar man för någon att man inte minns trygghet, att man glömt hur mat smakar, att man aldrig cyklat, varit på semester eller kollat på TV?

Jag försökte ofta skapa och hitta stunder som kunde finnas utan att övergreppen gjorde sig synliga på något sätt, nytt jobb, ny utbildning, ny stad nya vänner, nytt utseenden, jag provade allt. Ingenting kunde finnas utan att de fanns.

Livet verkade alltid hitta ett sätt att inkludera dem på, även om de inte längre var där fysiskt så syntes deras tidigare närvaro genom en spegling på allt jag gjorde.

Tillslut insåg jag poängen- nej, jag kan inte trycka bort deras närvaro i allt jag gör. Den försvinner inte bara för att jag flyr från situation till situation. Jag behöver börja ta tillbaka allt de tog. De kommer alltid finnas i ett hörn hos mig men jag kan lära mig att leva med det, jag kan lära mig att leva bortom det.

Jag är så mycket mer än det de tog.

Jag satt på en parkbänk.

Underlaget var hårt. Solen lyste mig i ögonen.

Håret var slarvigt uppsatt i en knut, min oversize skjorta fladdrade i vinden.

Det var utslagna blommor och ståtliga träd överallt omkring mig.

Jag märkte att jag satt där och log för mig själv.

Jag hade inte ont längre, utan jag var lycklig.

Förra året lärde jag mig att cykla, vi brukade skratta åt att jag i vuxen ålder fick uppleva allt som borde ha skett för decennium sedan. De som vet log alltid medhållande och tog min hand, viskade att jag tagit tillbaka ännu en dag av den borttappade barndomen.

Jag hade vid det här laget tagit tillbaka så mycket att jag kunde sitta på just den parkbänken och le åt allt jag hade, le för att jag inte längre var allt det som de tog.

Jag vill att du ska få uppleva sådant som missats.

Vad skulle du göra om du bara våga, fick eller kunde? Kan du inte skriva en lista?

För mig var det en räddning, de må ha tagit allt ifrån mig men jag tog tillbaka det, sak för sak tills hela mitt liv äntligen var bara mitt.

-

Jag stirrar på henne, jag vet att det inte är socialt acceptabelt att stirra på främmande människor, men jag kan inte låta bli.

Hon står framför en spegel, axlarna är knotiga, benen svaga och ansiktet grått.

Hon har blåmärken på kroppen och ärr som lyser i en rosa skiftning.

Håret som nog egentligen har ett åtråvärt svall är uppsatt i en knut som vittnar om att det en gång var tjock och glänsande.

Hon har stora bruna ögon och ett födelsemärke på hakan.

Hon vrider på sig och jag ser hennes revben vittna om ångestbarriärer.

Det som tar min uppmärksamhet är armarna, de liksom håller om kroppens överdel som i ett försök att skydda den mot någonting som jag inte kan se.

Det är tydligt att någonting har hänt henne, jag kan tyda

konturer av smärta längs hennes kropp.

Jag ser att hon försökte bevara den, att hon aldrig menade att stå här framför en spegel och stirra på sin avbild. En avbild som ser ut att aldrig ha varit hennes.

Hon är vacker men hon vet det inte än, hon är stark men det är ännu ingen som har talat om det.

Hennes ögon är trötta, skrämda- jag kan inte föreställa mig vad de sett.

Jag kan aldrig förstå allt som kroppen framför mig vittnar om. Hon är alldeles för ung för att reflektera vad det är jag ser.

Om jag anstränger mig och tittar så ser jag hur ljuser reflekterar röda avtryck av händer längs med hela hennes kropp.

Det gör ont i mig att titta på henne men jag vet att hon får mer ont om jag går. Att hon står här själv framför den stora spegeln är ett bevis på det, att alltför många gått.

Längs med hennes högra knä finns en utbuktning, ben som krossats mot metall flimrar förbi mitt synfält.

Det slår mig att hon nog aldrig haft solen lysande i sitt

ansikte. Hon vittnar om den kvava och kalla källarlukten.

Det är svårt att placera hennes ålder, jag tror att hon befinner sig mellan 10 och 14. De röda fragmenten i ögonen är spår av narkotika, jag har sett det förr.

Jag är rädd att hon går sönder framför mig om jag sträcker mig fram, jag vet inte om någon erbjudit henne en trygg famn.

Hur kommer det sig att hon står här i det dunkla ljuset av en fotogenlampa? Varför är hon inte ute och leker med barnen som jag hör utanför och varför ropar ingen att maten är färdig?

Runt sin hals bär hon ett halsband i ett rosé, det har en oval form och silvriga detaljer, i kontrast till allt annat i rummet så utstrålar det kraft.

Det finns inte mycket omkring henne, en säng, med skrynkliga blodiga lakan, ett nattduksbord med kondomer, kontanter, kokain och ett stativ med en kamera som saknar lins.

På väggen hänger en tavla i guld och i garderoben finns det dyra kostymer, pärmar fulla av papper och en svart väska som verkar dölja alla världens hemligheter.

Det är ett stort glapp mellan sängen och golvet, jag kan tänka mig att även hon blir rädd för monster under den bruna sängen.

Det är svårt att missa hennes hjärtslag, axlarna åker rytmiskt upp och ned. Hjärtat verkar aldrig ha återgått till sin normala frekvens efter det första handavtrycket.

Ett paket Marlboro Röda gör sig synligt, jag hoppas att hon aldrig tar det första blosset på den filtrerade cigaretten.

Jag hoppas att hon någon gång kan få skratta tills hon kiknar och vara så trygg att hon somnar i någon annans famn.

Jag vill ta ifrån henne rädslan och skammen, jag vill ta ifrån henne hemligheterna och smärtan. Mest av allt så vill jag ge henne en plats att andas på, en röst så att hon får tala, ett liv så att hon får återta allt det som verkar ha tagits ifrån henne.

Jag vet ännu inte hur jag ska rätta till allt hon utsatts för, hur jag ska omvandla smärta till styrka, men jag tror på henne och jag tror på att hon tillslut listar ut det. Att hon så småningom förstår att hon får finnas, precis lika mycket som alla andra.

Hon vet det inte än men det kommer en dag där hon får skratta, krypa upp i någons famn, ligga under en filt, äta fantastiskt god mat, resa världen runt, träffa vackra människor och sedan somna helt tillfreds.

Hon vet det inte än men det kommer en dag där hon hittar sig själv, där hon är ståtlig och stark, lycklig och intellektuell, vacker och graciös, sårbar och utforskande.

Hon vet det inte än men det kommer en dag där hon inte längre har ont, där hon vaknar och känner att livet är precis så som hon vill att det ska vara.

Hon kommer att komma segrande ur striden.

Jag försöker att lokalisera mig själv men märker att jag blundar, försiktigt öppnar jag ögonen och hon är borta.

Framför spegeln står jag något konfunderad, armarna runt min överkropp, det roséfärgade halsbandet runt halsen.

Jag tar ett djupt andetag, släpper ner armarna och inser att hon brukade vara jag.

Jag visste det inte då men det kom en dag där mitt ljus fick skapa vackra spår efter mig, det kom en dag där jag fick leva. Den dagen är nu, den dagen är min framtid. Försök att våga vänta på en bättre morgondag.

-

Hjälpen eller dess brist, jag hade kunnat diskutera den i timmar men, det är en kamp jag för utanför denna bok.

Anledningarna är många, myndigheter, lagar och forskning är i ständig förändring. Jag vill att detta material ska vara någonting färdigt, någonting bortom tid och rum, samhällsnormer och generaliseringar.

Den här boken är för unga och gamla, män, kvinnor och könsneutrala. Den är för dem som fått hjälp, för dem som inte fått. Den är för dem som inte anmält och den är för dem som fått sin upprättelse. Den är för alla som överlevt, som hela tiden fortsätter att leva.

Jag vet att vården orsakat monumental skada, rättssystemet har svikit och socialtjänsten ringde aldrig tillbaka. De ärren bär jag med dig, samtidigt motsatsen, myndighetsutövaren som tillslut ringde tillbaka.

Vad jag också vet är att hjälp är en benämning som ser olika ut för alla, jag kommer inte att hissa eller dissa, rekommendera eller avvisa, jag vill inte riskera att ta ifrån dig någonting som är bra. Jag har lärt mig att olika saker funkar för oss.

Ha inte dåligt samvete om du fått hjälp som varit bra för dig, du har förtjänat den och allt positivt som kom ur den. Ge inte heller upp om du ännu inte har aspekten hjälp i ditt liv, du förtjänar att få den.

Oavsett, så är jag ledsen att kampen till den, rätten att få finnas och må bra har varit och är så svår. Vi är många som önskar att det hade varit annorlunda, vi är många som arbetar för att det ska bli.

Det spelar ingen roll hur du vill att hjälpen ska se ut för dig, jag vill och hoppas att du får den, att du har fått den och den kan göra dig hel. Jag hoppas att du efter hjälpinsatsen kan skapa det liv du förtjänar, utefter just dina förutsättningar.

Våga ta hjälp, det finns någonting bättre där ute.

Oss överlevare emellan, det är ingenting fel med att tillåta sig själv att må bra.

-

Ingen berättade för mig varför det var så svårt att borsta tänderna, inte heller vad som skulle hända om jag inte gjorde det.

Det var ingen som visste att varje morgon och kväll tillsammans med den mintsmakande pinnen var en resa tillbaka i tiden.

Under en livstid ser vi säkert ett hundratal människor borsta tänderna länge och noga, metodiskt och på reflex. Tanken på att berätta för någon att jag inte var en av dem hade aldrig slagit mig.

Någonting inom mig trodde att min halvdana borstning var tillräcklig, en annan del förstod däremot att jag var långt ifrån den rutinerade borstaren.

Det var aldrig riktigt kris och katastrof i munnen, lite småskador från ätstörningen och våldet. Jag var en regelbunden patient hos tandläkaren, undersökning en gång om året, plackers och rengöring.

Ända tills jag kom så långt i mitt helande att jag började

känna smärtan från övergreppen som jag utsatts för tidigare. Jag var i en process av bearbetning och triggers syntes överallt.

Jag reflekterade inte särskilt mycket över det men jag slutade att gå till tandläkaren. *"Jag har inte tid"* var min ursäkt. Samma vända blev jag utmattad, orken det krävdes att borsta tänderna sipprade iväg och såhär i efterhand kan jag konstatera att jag försökte fly.

Känslorna av obehag ökade och jag skapade nog mig själv ett hinder att övervinna vareviga morgon och kväll. Tyvärr, kunde jag aldrig hoppa över hindret.

Jag skämdes för mycket för att berätta för någon, tiden gick och med den kom tandvärken, det gjorde lite ont, sedan gjorde det väldigt ont och tillslut gick det inte att dricka eller tugga. Väl hos tandläkaren kom resultatet, flera svåra infektioner och tänder som höll på att tappas.

Tandläkarbesöken som följde var aldrig lätthanterliga, det var tårar, jobbiga minnen och panikkänslor.

Det fanns dock ett par faktorer som skiljde första tandläkarbesöket från de andra. Under det första besöket låg jag tyst medan jag slungades tillbaka till allt det som jag hade försökt glömma.

De andra gångerna bad jag om en tandläkare som hade mer kunskap om patienter med tandläkarskräck, jag förklarade läget, eller rättare sagt någon följde med mig och förklarade läget (en lapp går också bra). Jag träffade samma tandläkare alla efterföljande gånger och vi kom överens om att hen skulle informera om varje steg, förklara varför saker kändes på ett speciellt sätt och alltid ta små steg framåt. Jag hade möjlighet att stanna när det blev för jobbigt och även om jag grät i panik så lärde jag mig att där och då fanns ingenting som kunde skada mig.

Det tar såklart emot att medge men det ingår inte utbildning i övergreppsproblematik för tandläkare, vad jag dock insåg var att de också var människor och människor kan vi ju faktiskt kommunicera och samarbeta med. Det krävs ingen utbildning för det så även om du är livrädd precis som jag var, och precis som du har rätt att vara, så kan det hjälpa att prova att prata med den du möter inom tandvården. Förklara din rädsla och vad den grundar sig i. Du behöver inte gå in på detalj men en av de viktigaste egenskaperna jag kom att lära mig var att ge människor möjligheten att förstå.

Du är värd en bra munhygien och kanske har vi inte kommit så långt att någon talat om det för dig, men då vill jag säga det, starka och friska tänder gör så mycket för ditt välbefinnande.

-

Du har precis vaknat, du befinner dig fortfarande i sömnens töcken. Det är ännu svårt att lokalisera tid och rum.

Du ska precis lägga dig, ögonlocken är tunga, ännu en dag har passerat.

Du ser någon av dem i ögonvrån, det hugger till i bröstet.

Ett minne flyger förbi, ingen syn är värre än deras.

Du ska äta men minns allt dem yttrat om din kropp.

Du ska duscha eller byta om, de infekterar allt som borde vara så normalt.

Du träffar någon som du tycker om, men ingen får ta i det som blivit du.

Du försöker förklara, men ingen förstår.

Du tycker att du borde börja orka nu, men de tar all energi.

Du försöker lita på någon igen men, minns hur det gick förra gången.

Du ska gå till läkaren men, ställer in för tredje gången.

Det finns saker som du verkligen borde göra men du skjuter upp dem ett tag till.

Du skadar dig själv för att du tror att det är du som är problemet.

Du somnar men vaknar av mardrömmarna.

Du tittar dig i spegeln men du känner inte igen den du är.

Du är ledsen, arg och ensam men så har det varit länge nu.

Du vill sudda bort dem men de har ritat med bläck.

Du är rädd men det är det ingen som vet om.

Du saknar dig själv även om du glömt vem du var innan övergreppen.

Du polisanmälde det men det lades ned.

Du ville att någon skulle stanna men de fortsatte att gå.

Det var längesedan nu men det känns som igår.

Jag har försökt ta upp några av de händelser du ställs inför varenda dag, jag kan ha missat någon, jag kan ha tolkat något fel men jag mötte det här dag ut och dag in. Vad jag önskar att någon hade kunnat motbevisa de scenarion jag talade om ovan, vad jag önskar att jag kunde det, säga att du kommer att lägga dig ikväll men inte vara rädd för att somna. Du kommer att berätta och alla kommer att lyssna.

Jag är ledsen över att det är krafter över min förmåga, jag är ledsen över att du vaknar till det här i morgon också.

Vad jag ändå vill att du minns då och varenda dag framöver är att det finns någon som förstår, som tycker att dina ord och din historia är viktig. Någon som vill att du vaknar till en morgondag, som vill lyssna på dig, stötta dig och visa dig allt som är vackert.

Det kanske bara ser ut som tomma ord tryckta på ett papper men jag vill ändå säga dem. Jag tycker att du är stark, vacker, värdefull och fantastisk. Jag struntar i allt hemskt som du tycker om dig själv för att jag tycker att du är modig. Jag vet att ingenting var ditt fel och ingen kommer att vara gladare än jag den dagen du vaknar med ett leende, den dagen som kan passera utan att förövare finns i dina tankar.

Jag valde att ha med andra överlevare i denna bok för dig och för dem, för alla oss som överlevt, så att vi kan vara en röst för dig ända tills du kan säga orden själv, påminna dig om det varenda gång du behöver: du kommer att klara det här.

-

Ibland dyker frågan upp, hur ser en flashback ut?

Jag tänker att jag kanske skulle demonstrera en enligt följande:

Det är lördagkväll.

Jag är glad, pigg och klar i tankarna.

Runt omkring mig är det klyschigt fantastiskt just nu.

Jag står framför spegeln i vad som kommit att bli kvällens outfit.

Jag känner mig stark. Jag drar håret bakåt och minnet knuffar undan mina ben.

Jag är bakom en träbänk, någon har just klippt av mitt hår, mannen framför mig är mannen som gjort att jag är trasig och utan hår.

När minnesbilden har passerat mitt synfält känns det som att en evighet har gått, inte sekunder som är den faktiska tiden som passerat. Ingen ork finns kvar, mina ben har vikt sig och jag stirrar rätt ut i luften. Jag förstår inte vad som finns omkring mig, jag känner ingenting utom denna plötsliga orkeslöshet. Ingenting känns särskilt fantastiskt längre. Tröjan nuddar min hud och det känns som att någon sticker i den med knivar. Jag kurar ihop till en boll på golvet, tar min nalle och viskar ut i den tomma luften.

Få sekunder blir timmar av rädsla, apati och sorg.

Jag försöker att fysiskt hålla ihop alla delar av mig själv men mitt inre slår och slår. Jag orkar inte lyfta telefonen och ställa in, jag orkar ingenting.

Jag kryper till ett hörn av rummet, kramar min nalle hårt och sluter ögonen.

Så kanske en flashback ser ut, eller så är du påväg någonstans och en doft sprider sig omkring dig, en röst ekar välbekant eller så skapar en smakförnimmelse obehag.

Det är svårt att kartlägga alla de situationer som kan vara potentiellt triggande, lättare är nog att hitta ett sätt att hantera de flashbacks som kommer.

Det är en fruktansvärd upplevelse, det är plågsamt och ett ögonblick av en värld som stannar. Jag kände så ganska ofta och länge.

Ibland såg mitt undermedvetna triggers som jag aldrig själv

kunde lägga märke till. Jag kunde omöjligt värja mig mot alla de situationer som kunde vara triggande. Istället lärde jag mig att dem var en del av min bearbetningsprocess, att jag tog tillbaka minnet genom att exponera mig för doften igen, skapa ett nytt minne fast med samma doft.

Det kanske låter flummigt men jag lärde mig att jag kunde äta frukost i min säng eller kolla på en film där med min bästa vän. Jag bytte ut övergreppen som skedde där mot någonting vackert. Jag tog tillbaka en situation som de stulit.

Det hjälpte mig att förstå att det som spelades upp i mitt inre inte skedde här och nu.

Vad kan du hålla fast i som tillhör nutid?

Våga lita på att dina förövare med tiden får mindre plats att synas i ditt liv för att minnena av dem blir en del av ett förflutet istället för någonting som är ständigt närvarande i nuet.

När du drabbas av en flashback, försök att fysiskt se, hålla eller känna på någonting som tillhör nuet, stanna kvar här även om det känns som att du slungas tillbaka till ett tidigare inferno.

Jag vet att det är svårt för omgivningen att se en flashback och att du ibland kan känna dig osynlig i det, men jag vet att de drabbar dig. Med den erfarenheten kan jag också säga att det som du upplever inte sker nu, jag vet att det gör ont men det kommer att gå över för att du är trygg nu.

Våga lita på det, du är trygg nu.

-

Relationer, intimitet och närhet.

Ord av skräck, ord av missbrukad makt.

Någon, några eller något raderade allt det vackra, det magiska i att dela en värld med någon annan.

Jag monterade tidigt upp väggar av orubbad sten, sökte faran och blev som besatt av det destruktiva.

Sex som självskadebeteende tyngde mig länge, det var någonting tryggt i allt kaos som rådde. Det var någonting jag kände mig bra på, det var en självbekräftelse och ett sätt att känna sig hemma.

Fast egentligen, en falsk trygghet, ett spel om liv och död.

Jag var periodvis livrädd för närhet, andra människor, relationer av olika slag, i andra drog jag dem till mig så hårt att jag höll på att kvävas. En läkare brukade säga till mig att varje gång man gav mig fingret så slukade jag hela handen.

Jag reagerade starkt på allt som rörde mänsklig interaktion. Någonstans inom mig tedde det sig logiskt att byta ut en man från dåtid mot en man i nutid. Kanske skulle inte den förra mannen göra så ont då, kanske kunde jag ta kontroll över övergreppet.

Jag litade inte på någon, jag väntade alltid på att den skulle gå, slå eller förödmjuka. Om det inte hände, så försökte jag framkalla det.

Det är ingenting att skämmas över, nu när jag ser tillbaka så förstår jag varför jag inte kunde vara med andra människor. En trygg omgivning var aldrig garanterad vilket gjorde att jag även efter övergreppen fortsatte att bli sviken av vuxenvärlden, återtraumatiseras om och om igen.

Det tog många år att förstå att alla inte ville mig illa, att det faktiskt gick att lita på människor och att relationer av olika slag kunde vara väldigt fina i den annars ensamma tillvaron som var.

Det första jag behövde göra var att sätta mig ner och skriva ned alla som fanns i mitt liv, försöka se dem ur ett objektivt perspektiv.

Är det här en sund relation?

Är det bra för mig?

Hur känner jag inför den här relationen?

Jag lärde mig att en destruktiv relation kunde förstöra alla bra och att jag behövde ha tålamod med mig själv i relationen. Den ska inte dränera mig på energi utan ge mig sådan.

Ett nästa steg var att fundera över vem jag ville vara i relationen.

Finns det någonting jag behöver göra annorlunda för att det här ska bli bättre?

Finns det någonting som jag behöver tänka extra på?

Se till de problemområden som du känner att du har i relationen ifråga och försök jobba utifrån dem.

Det var viktigt för mig att förstå att vissa saker var bortom mig. Människor gör misstag, antingen säger de något knasigt, ställer in eller glömmer bort. Det är mänskliga faktorer och jag behövde förstå att de inte berodde på mig. Allt som hände runtomkring mig hände inte i ett syfte att skada mig. Det fanns omständigheter som jag inte kunde rå över och jag behöver inte ta ansvar över allt som rörde någon annan.

Världen är större än mig, men på ett bra sätt.

En tumstock kan vara att försöka reflektera över hur relationen känns, en relation som bara känns bra ibland är oftast inte bra alls.

Ge det tid, tålamod och många försök.

Man kan älska dig, och man kan tycka om dig utan att vilja skada dig, jag lovar.

-

Psykisk ohälsa var ett svårt ämne för mig att skriva om, kanske för att det är så brett och kanske för att blotta tanken på detta begrepp brukade få mig att vilja krypa ut ur mitt skinn.

Jag kunde aldrig identifiera mig med dem som led av psykisk ohälsa. När ångest beskrevs för mig så var det aldrig min ångest som deras ord syftade till. När de talade om ätstörningar och utmattningar, depressioner och tvångssyndrom, personlighetsstörningar och trauman. Det var aldrig mig de talade om.

Jag blev exkluderad ur begreppet de satte mig i, jag blev utsparkad från den psykiska ohälsan.

I perioder så var vårdgivarna överens, andra inte. Min plats på slutenvården fick köpas.

Det var mycket som jag var, kronisk, funktionsnedsatt och samsjuk, vad de egentligen försökte säga var grovt traumatiserad.

Jag var besviken på den psykiska ohälsan, dess behandlingsmetoder gick aldrig att tillämpa, dess forskning var för mig förgäves.

Trots att jag var utsparkad ur kategoriseringarna så höll de på att kosta mig livet många gånger. Läkarjournalerna bläddras igenom med en klump i magen, diagnoserna, medicinerna, vårdinsatserna, behandlingarna och striderna. Allt sammanfattades i två ord som jag aldrig fick lida av-psykisk ohälsa.

Det var inte det dåliga måendet jag ville ha, jag skulle aldrig ha önskat någon psykisk ohälsa men, jag ville ha förståelsen, rätten att ersätta det högpresterande och bristfälliga. Rätten att sänka huvudet och säga; jag mår dåligt.

Å andra sidan var vidden av min så kallade galenskap omfattande, bakom den överambitiösa, intellektuella, superglada tjejen fanns alla monster. De monster som fick mig att drämma tallrikar med mat i väggen, de som orsakade epilepsianfallen, de som var sju röster i mitt huvud.

Hur kan man få en annan människa att förstå hur trasig

man är? Hur gör man?

Jag hade ingen aning. Jag klarade inte av att ge uttryck för vad jag kände och tänkte. Orden var ännu inte mina så, jag led och led av den psykiska ohälsan.

Jag vet hur det är att må väldigt dåligt, sådär dåligt att man blir desperat och börjar fundera på om man tappat fattningen på riktigt. Det har du inte, det du känner är befogat. Du har varit utsatt för fruktansvärda saker och för mig är det inte konstigt att du inte mår bra och att det förflutna har satt sina spår. Det borde inte finnas någon som förväntar sig annat.

Jag kände ofta att dessa två ord, psykisk ohälsa, aldrig räckte för att beskriva det som de hade utsatt mig för, den trasiga människan som de hade lämnat efter sig.

Jag kände mig missförstådd av vården där symptomen försökte botas men problemet alltid tedde sig kvarstå, smärtan och ångesten, minnena och konsekvenserna.

Jag kan tänka mig att du också känt dig missförstådd. Att du inte fått rätt hjälp eller att du inte vågar må bra igen, för vad händer då?

Det finns inget magiskt trick, ingen magisk behandling eller medicinering även om jag önskar att jag hade kunnat skapa den åt dig. Receptet är krasst nog, bearbetning, tid och årslångt kämpande. Det är inte enkelt.

För mig handlade det om att våga lita på att det går att må bra igen, att hålla fast vid hoppet och tanken om att jag faktiskt får och förtjänar att göra det. Men, kampen går inte att utkämpa ensam, så se till att någon får kämpa med dig.

När man vet hur det är att må väldigt dåligt så vågar man tillslut också säga att man vet hur det är att må väldigt bra också, jag kom dit. Avskräckande läkarjournaler var bara ett steg på vägen.

Det borde finnas fler som kämpar för din rätt att må bra igen, tills den dagen vill jag be dig att kämpa lite till, för din rätt att precis som jag få må väldigt bra igen. Jag kan inte säga mer än att det var värt kampen. Smärtan försvinner inte men den bleknar i allt vackert som du kommer att få uppleva.

Du är en överlevare så, från en överlevare till en annan så vill jag ge dig hoppet om en bättre morgondag, du kommer dit.

-

Självmord, jag var ofta lång ifrån men, alldeles för nära.

Har du tankar på att ta ditt liv?

Mitt svar var alltid självklart, nej.

Mina handlingar visade något helt annat.

Bakom leendet fanns tjejen som höll på att svälta sig till döds, som hade farliga relationer och rakblad gömda i strumporna. Jag tänkte aldrig på att jag indirekt försökte att ta mitt liv.

När svälten blev så påtaglig att jag återupplivades på hjärtintensiven så grät jag, inte för att jag levde utan för att jag aldrig menade att dö.

I de stunderna lovade jag dyrt och heligt att jag skulle göra vad som helst bara jag fick vakna till en ny morgon, vad som helst bara jag fick ta tillbaka alla måltider som jag skippat.

Jag var någonstans hela tiden beredd på att min kropp tillslut inte skulle orka, inför varje farlig kontakt klottrade jag ned namn, plats och ordet "förlåt", bara ifall jag inte skulle komma tillbaka i tid för att slänga den ihopvikta post-it lappen.

Med tiden blev jag mer konsekvent, påläst och driven. Jag förstod att mina handlingar inte platsade i det nya livet som jag försökte bygga. Farliga kontakter började skrämma mig istället för att lugna mig.

Destruktiva handlingar kom längre och längre bort ur mitt liv i takt med att jag växte som person. Jag insåg att jag inte ville riskera fler månader i ett helvete för att lugna en impuls, jag insåg att den faktiskt går över utan att jag skapar onda spiraler i livsförödande sammanhang, men, det var också här som det blev farligt igen.

Svälten tog alltid tid att trilla tillbaka i, det sexuella självskadebeteendet gav mig alltid minst en timme att reflektera, det var ett sätt att förhandla fram tid med impulserna. När dem faktorerna inte fanns längre hade jag heller ingenting som kunde köpa mig tid.

Jag saknade strategier för tankarna som nu vrålade, som inte lugnade utan välte omkull.

Tillslut låg jag ensam i en stad långt bort och insåg att jag inte hade någonting att ta till för att orka en sekund till.

Det resulterade i ett självmordsförsök. När jag vaknade i en sjukhussäng var det inte som med svälten, lycka och motivation. Det var orkeslöshet och desperation.

Efter återhämtningen förstod jag att mina kortsiktiga destruktiva lösningar bara skulle fortsätta att placera mig i sjukhussängar eller kistor.

Vad jag egentligen höll på med, var flykt, en konstant flykt ifrån allt som var mitt liv.

Jag behövde ha någonting långsiktigt fungerande, ett självmord kunde inte fortsätta att vara min lösning när flykten tappat sin funktion. Jag behövde inte skärpa mig, sluta vara egoistisk eller ta tag i mitt liv, jag behövde bara sluta fly och stanna kvar.

Det var lättare sagt än gjort men, allt det där som jag var så rädd för var inte befogat. Jag behövde inte konstant straffa mig själv för att jag var sårad, jag behövde börja känna saker gentemot andra människor. Jag behövde våga ta samtalen, problemlösningen och den långsiktiga förbättringen.

När jag gjorde det, så förstod jag också att allt jag någonsin velat var att leva.

De brukar fråga mig vad brytpunkten var, när och varför jag bestämde mig för att bli frisk. Jag önskar att jag kunde svara någon av alla de anledningar som varje dag räknades upp för mig på ätstörningsmottagningen, att det var för att jag ville resa jorden runt, träffa vänner, gå i skolan eller slippa ångest. Att säga det hade gett mig en vacker historia, en inspirationskälla och snygga rubriker. Men, det var inte därför jag blev frisk, ingen av de faktorerna låg till grund för att jag lyfte gaffeln och började tugga.

Sanningen är inte mer än att jag faktiskt inte orkade mer, jag orkade inte med fler bråk, fler matscheman, fler inläggningar och ännu fler bortkastade år. Jag orkade inte mer psykisk ohälsa och jag var så otroligt trött på allting.

Det var inte mer än så, jag vaknade en dag och kände att nu får det fan vara nog. Och nog var det. Jag kunde inte längre tro på eller stå för det jag gjorde. Jag kunde inte rättfärdiga det faktum att ett liv vigts åt vikt, kalorier, mat, tvång och självskador. För det var det jag hade gjort, all styrka, ambition, energi och intellekt var lagd i ett ideal som innebar att tyna bort och jag kunde inte tro på det längre.

Så, om du funderar på att ta ditt liv eller har tankar som känns obehagliga, snälla, stå ut, ge inte upp och försök att ta hjälp även om du känner att den inte funnits där förr. Jag har inte ångrat mitt beslut att fortsätta leva en enda gång.

Jag vill inte ge dig ett dåligt samvete över dina tankar och känslor men, jag vill ge dig en uppmaning om att försöka vara arg, rädd, ledsen och besviken på de som gjort dig illa istället för att skada dig själv. Känslorna är läskiga men du ska aldrig ha så ont för att någon annan gjort fel, du har ju inte gjort någonting fel.

Du är en kämpe så jag vill be dig att fortsätta lite till. Jag tror att du drömmer om någonting bättre än det här, förverkliga den drömmen.

-

Det finns mycket att vara rädd för, både som utsatt för våld men även som överlevare av våld. När de flesta rädslorna tycktes ha passerat kom en ny, den skapades i terapirummet och följde mig igenom alla flashbacks och drömmar.
Nämligen, rädslan för vad jag inte mindes.
Den svepte omkull mig, och gnagde i mig som ingenting annat, vad är det jag inte minns? Hur många övergrepp har jag förträngt? Varför triggas jag av det här, vilket minne ligger bakom? Har det varit för enkelt?
Och om jag vet, om jag krossas igen, klarar jag då av sanningen?
Kanske vet jag någon gång, kanske vet jag aldrig.

Kanske kan jag också förlika mig med den tanken, med att nästan veta att jag vet, för när allt kommer till kritan, vad vet vi egentligen?

Berättelser från överlevare

-

Två s-ord. Två olika processer när det handlar om sexuella övergrepp.

Skam drabbar så gott som alltid. Skam är klibbig. Sätter sig fast. Kanske extra mycket när en pojke drabbas av sexuella övergrepp. Svårt om det är en kvinna som är förövare. Nästan lika svårt om det är en man.

Vi män som drabbats är lite mindre synliga fast vi är många. Skammen kan vara förklaringen. Eller att vi skall vara starka. Stark är den som överlever övergrepp. Stark är den som vågar ta hjälp. Vågar uppleva svaghet och beroende.

Och stark nog att ta till sig sanningen om att sexuella övergrepp påverkar oss även om vi försöker gömma och glömma. Själv tror jag många går tysta med lås om sin hemlighet och kanske fastnar i skamkänslor.

Att släppa om den skamfyllda hemligheten kan vara befriande. Att stå kvar i att detta är min sanning om mig själv. Detta bär jag på. Utan skuld men med smärta. När sanningen får fria vingar börjar skammen släppa. Inte för att du måste basunera ut allt svårt du varit med om.

Min väg ut ur skammen blev en bok. En ovanligare väg men bra för mig då jag försökte förstå vad jag varit utsatt för. Sexuella övergrepp var en del. Men också alla lögner för att dölja detta. Det blev till sist svårt att greppa verkligheten. Berättelsen växte fram ur mitt inre och belystes av andras reaktioner. Förståelse och befrielse. Skammen försvann och märkligt nog togs den emot av förövarna. Hoten ökade ett tag då sanning är svår för den som har mycket att dölja. Men den befriar den som inte lever med skuld utan med skam.

Att omfamna sanningen är nog en stark strategi för att släppa skammen. Det är aldrig enkelt att vara drabbad av sexuella övergrepp. Det är heller aldrig vår skuld. Inte heller vår skam. Våga lämna skammen och bli friare och helare som man och människa.

Överlevare: H.J

-

När jag äntligen lyckades slita mig ifrån min förgripares grepp var min kropp i spillror. Inte fysiskt, han hade aldrig slagit mig men det var som att något inom mig gått sönder. Och även fast han aldrig hade tagit i med våld så reagerade min kropp på hans förbrytelser.

Några månader efter det sista övergreppet började jag få spänningar i underlivet. Jag var då tio år gammal. De kom veckovis och höll i några minuter per tillfälle. Smärtan varierade, vissa gånger kunde jag fungera som vanligt medan andra var värre.

Jag minns en särskild gång när jag skulle sova (i sängen där ett fåtal av övergreppen skett), då smärtan i mitt underliv blev brutal. Det var en krypande, brännande smärta som strålade ut från min vagina. Jag skrek och grät, för smärtan var så stor. Inget hjälpte, jag var fast i min egen kropp. Så många gånger som jag hade känt den känslan under övergreppen, var denna kvarvarande smärta ändå värst.

Min mamma visste om mina kramper, men hon visste inte om var de härstammade från. Jag hade inte sagt något.

Smärtorna höll i sig, med visiter i min kropp en eller två gånger i veckan, i nästan sex års tid, innan jag äntligen tog mod till mig och bokade tid hos ungdomsmottagningen. Det var min mamma som hade rått mig det, när jag påminde henne om att det gått sex år utan att smärtan stoppats eller ens fått en förklaring.

Vid denna tidpunkt var jag nämligen ovetande att sexuella övergrepp kunde ge fysiska symtom. Så jag kom till ungdomsmottagningen, en förmiddag i juni och beskrev mitt problem. Det gjordes även en gynekologisk undersökning och barnmorskan jag gick till konstaterade att det var rött, ömt och spänt runt mitt kön. Hon frågade mig om jag varit med om något sexuellt övergrepp, och jag berättade, för första gången för en vuxen människa, om vad han hade gjort mot mig. Jag bönade och bad genom tårar att barnmorskan inte skulle berätta för mina föräldrar, vilket hon ändå gjorde nio månader senare, under traumatiska förhållanden.

Smärtorna och kramperna i mitt underliv finns med mig än idag. Ännu kan jag inte ha tampong, det gör för ont. Men jag går i traumaterapi, som sägs ska hjälpa även mot fysiska men av traumat.

De kommer allt mer sällan, kanske en gång i månaden eller två. En vacker dag kanske de är borta, säger min terapeut. Jag tillåter mig själv att tro på det. Tron på ett liv som inte kretsar kring övergreppet, tron på ett liv utan fysiska och psykiska men. Tron på ett liv utan kroppshat, utan skam, utan tabu. Jag tror på det.

Överlevare: C.B

-

Vaknade kallsvettig och livrädd att han skulle hitta mig. Var det verkligen sant att jag var fri, efter fem långa år av vidriga sexuella övergrepp.

Jag hade blivit hämtad några dagar tidigare av en kvinna på frisörsalongen där jag utbildade mig till frisör. Min syster hade nämnt sin oro om mig till henne några veckor tidigare och kvinnans reaktion var *"då tänker jag hämta henne om hon så bor i Spanien".*

Det var ingen från socialtjänsten eller annan myndighet som hjälpte mig, de hade inte ens brytt sig om att ringa eller besöka mig under dessa fem år, trots att min mamma hade vädjat till dem om att kolla hur jag hade det.

Mamma och pappa var skilda sedan jag var tio år och

pappa hade sett till att jag inte fick träffa mamma. Även om de hade delad vårdnad, som det så fint heter. Ingen vuxen hade någonsin frågat mig vad jag ville eller hur jag hade det under dessa år.

När jag väl var i säkerhet kom en enorm rädsla av att han skulle hitta mig. Men på något sätt hade denna kvinna en förmåga att få mig att känna trygghet i hennes hem. Ingen mer än mina syskon visste var jag befann mig och de ville inte att jag skulle anmäla pappa. De tyckte att de kunde räcka med att han gick till en präst och kanske kunde få hjälp där med att bekänna vad han gjort. Men det som hände var att prästen inte tyckte att det var så farligt. Själv var jag bara tacksam att jag äntligen var fri.

Och förresten så frågade ingen mig vad jag ville. Det hade aldrig någon gjort, jag var tränad att lyda och inte ha åsikter. Några veckor senare när min mamma fick reda på detta fruktansvärda, att jag verkligen varit utsatt för incest och att pappa endast gått till en präst för ”samtal”, så ringde mamma upp prästen och fick höra *”men du har väl också kört för fort någon gång”* vilket fick min mamma att gå i taket och hon åkte direkt in till Stockholm och gjorde en polisanmälan.

Detta resulterade i att förhören och undersökningar satte igång. Jag hade bra stöd av kvinnan och det var lättare att förhålla mig till henne än till min egen mamma. Eftersom jag inte fått träffa min mamma på så länge så var det så känsligt mellan oss vilket samtidigt var svårt eftersom jag längtat så mycket efter henne.

Jag flyttade till min mamma i Stockholm efter sex veckor hos kvinnan. Det var ett omtumlande år. Av glädje att åter få bo hos mamma till många förhör av polisen och en lång väntan på rättegången.

Det tog ett år innan den blev av. Under detta år hann jag utåt sett leva ett ”normalt tonårsliv” i Stockholm med vänner och utbildning. Medan jag hade en kamp inombords där jag var livrädd för att pappa skulle hitta mig och genomföra sina hot. Trots rädsla, ångest och tvivel på hur rättegången skulle bli så kom äntligen dagen då vi vann. Min pappa dömdes till 3 års fängelse och jag fick en upprättelse och en frizon när han blev inlåst. Och jag kunde börja leva mitt liv.

Jag är idag så tacksam till min mamma som vågade anmäla. Så jag vill uppmuntra dig att våga anmäla, det är värt allt. Gör det även om du är rädd.

Överlevare: L.M

-

Jag vill säga att du tog min kropp, men att jag nu har tagit tillbaka den.

Jag vill säga att det är över nu, när du inte längre är en del av mitt liv.

Jag vill säga att jag står här, starkare än någonsin, men det vore en lögn.

Sanningen är att du inte tog min kropp, du lämnade den. Du lämnade mig helt övertygad om att min kropp är det enda jag är bra för, att jag bara är värd någon så länge min kropp kan ge sex.

Orden är inbrända i mitt huvud, svider och skaver, hur du bara ville ha mig för sex, hur du aldrig någonsin älskat mig.

Jag är inte värd mer än cigaretten i din mungipa eller ölen i din hand, jag finns bara för att tillfredsställa ett behov hos dig, ingenting annat.

Jag minns dagen allt ändrades, när du för första gången sa *"jag älskar dig inte, det har jag aldrig gjort, jag utnyttjade dig bara för sex".* Jag minns hur hjärtat brast när jag insåg att ett och ett halvt år av mitt liv bara varit en lögn. Alla *"jag älskar dig"*, alla *"jag vill bygga en framtid med dig"*, var en lögn för att täcka över det du gjorde.

Du tog aldrig min kropp, men du gjorde den till ett tomt skal, urholkade den av allt jag är. Du fick mig att tro att jag inte är något annat, jag kan inte vara rolig eller smart eller intressant, jag kan bara vara en kropp. Ett objekt för andra att använda, så som du använde mig.

Jag minns hur jag ligger i sängen. Gång på gång och tänker att jag inte vill. Tänker att jag måste, för annars blir du arg. Och när du är arg pratar du inte med mig. Tänker att det är bara en liten stund, att jag vill vara en schysst flickvän som ställer upp. Så rädd att vara tråkig. Så rädd att du ska lämna mig. Så otroligt rädd.

Du tog aldrig min kropp men du övertygade mig om att alla

andra gjorde det. Att han, som så många gånger sagt att han älskar mig för mig, inte för sexet vi haft, är en lögnare.

Du lyckades krossa mitt självvärde till den grad att oavsett vad någon sa var det dina ord jag litade på. Jag är bara bra för sex, bara bra så länge jag ställer upp på att ligga. Du övertygade mig om att det inte finns något annat hos mig, ingen personlighet eller identitet att älska, bara en kropp.

Så hur kunde någon någonsin vilja ha mig för något annat än min kropp, om det är det enda hos mig som är värdefullt?

Jag minns dagen då jag insåg att det här inte är normalt, första gången jag hörde termen *"sexuellt utnyttjande"*. När jag insåg att det inte är okej att du utnyttjade min separationsångest och psykiska ohälsa för att stilla ditt sexberoende. Att det inte bara var en dålig relation och att du var dryg, utan att det är ett brott.

Jag såg återigen vår relation i ett annat ljus. Jag behöver inte skylla mig själv, det var inte bara *"sex som jag i efterhand ångrat"* och att det var inte okej för att jag inte sa nej. Jag behöver inte längre hata mig själv, för jag behövde inte bära skulden. För det är inte, och har aldrig varit, mitt fel.

Du tog aldrig min kropp, men du tog allt det jag var ifrån mig.

Men när jag insåg att det inte var jag som bar skulden, utan att det var du som missbrukat din makt, kunde jag äntligen började göra mig fri. Fri från den makt du haft över mig, långt efter att vi klippt kontakten. Jag kan göra mig fri från övertygelsen att jag bara är värd vad min kropp kan ge och att jag inte är något annat. Jag tar tillbaka den makten, och jag tar tillbaka mig själv.

Jag börjar sakta men säkert bli fri igen.

Överlevare: A.X

-

Hej du lilla kämpe som läser dessa ord.

Om du som läser denna bok är ett offer för någon form av sexuellt övergrepp - jag beklagar att du utsatts för det. Jag kan inte säga att jag exakt vet hur du har det, för det är otroligt individuellt men jag kan föreställa mig smärtan du går igenom för jag är själv där.

Jag vet hur det är att utsättas för det mest fruktansvärda man kan föreställa sig, det som händer alla andra men inte mig.

Jag vet att du är arg, ibland så arg att du kanske kokar inombords. Jag vet hur det känns när ilskan bubblar runt i kroppen och allt du kan göra är att kippa efter luft. Hur du slår nävarna i väggen för att lätta på trycket, skär dig, skippar måltider eller säljer dig själv. Allt för att på något sätt få ut ilskan inombords som ibland sväljer dig med hull och hår.

Jag vet att du frågar dig själv om varför det hände just dig, eller kanske inbillar du dig att du förtjänar det. Men du, ingen förtjänar att på något sätt utsättas för något mot sin vilja, inte någon - inte du. Personen eller personerna i fråga har gjort dig så fruktansvärt illa, du kanske tycker att de förstört ditt liv. Jag tyckte i alla fall så under en lång tid och jag tycker det fortfarande.

Men det är där du kommer in, du kan ändra på det. Låt inte ilskan över det som hänt vändas till något destruktivt. Vänd ilskan till en kämparglöd.

Jag vet hur du tänker, hur ska man kunna göra det? Just i denna situation kanske det inte går att vända på det destruktiva till en kämparglöd. Men en dag kommer du komma till insikten att ditt liv inte är utdömt.

Det är okej att vara arg, det är okej att känna varenda känsla som finns i ordboken. Men det är aldrig okej att ge upp, det är inget alternativ.

Du har klarat dig igenom det värsta tänkbara, du kommer klara dig igenom även detta. Ett citat som alltid hjälpt mig är detta; *"I can do this, I thought. Then: and even if I can't, I have to."*

Överlevare: F.J

-

Den här texten är till dig, du som var med om den hemska utsattheten och våldet, du som utsattes för det du inte ville. Kanske har du inte fått en sådan text innan, kanske känns det lite läskigt. Det är okej. Alla känslor är okej.

Jag tänker att det är dags att ge dig texten nu efter alla år av bristande kommunikation mellan oss. För det blir inte bra när vi inte låtsas om varandra, för vi alla inuti existerar. Kroppen med.

Du ska inte behöva stå ensam i det svåra och du skulle fått hjälp när människorna gjorde dig illa, även om kroppen är vuxen nu. Både barn och vuxna får be om hjälp, även om det känns som att du inte spelar roll.

Kanske har du fått höra att du får skylla dig själv eller att du överdriver. Kanske har du fått höra att du inte ens finns. Det stämmer inte, du finns. Annars hade jag ju inte skrivit till dig, annars hade du inte haft alla tankar och känslor du har, om du inte fanns.

Det är bara det att människor ibland säger sånt som inte är sant, kanske för att skada dig eller så säger de sådant de egentligen inte menar.

Så lilla hjärtat, du behöver inte hålla det inom dig. Du får berätta om det som hänt. Du ska inte behöva skämmas för det andra gjort mot dig. Det är dem som är elaka som ska skämmas, dem som gjorde dig illa, det är hos dem som skammen hör hemma.

Du får finnas, du spelar stor roll och det var faktiskt bra att du överlevde allt det hemska. Hade du inte överlevt hade du ju inte haft ett liv. Utan liv hade du inte kunnat få ett som är bättre.

Du vet när vi tappar ett glas på golvet hemma, du vet när mamma brukade skrika sådär högt? Glaset krossas i flera bitar och oftast så tänker vi inte att det var bra att vi tappade glaset.

Försöker vi laga glaset kommer det inte gå att få ihop som innan.

Jag menar inte att det var bra det som hände, för det är aldrig okej att göra illa någon annan. Men jag ser det som att alla splittrade bitar har sin plats och behövs. För att laga. Kanske blir det häftigt att limma ihop med guld då istället? Jag tror det blir vackert!

Du ska inte behöva vara kvar i det som hände, då andra gjorde dig illa, det blir så svårt då för oss alla. Det är okej att gå därifrån, du behöver inte stanna i det som gör ont. Du får gå därifrån. Kan du inte komma därifrån så är det okej att gömma sig inuti, om du vet hur du gör det. Slippa vara med just då. För att överleva.

Det hemska är över och min största önskan är att du ska få känna att ingen kommer åt dig nu, att du är skyddad och att övergreppen är över. Det är minnen nu. Bara minnen.

Jag respekterar att du önskar att det bara var på låtsas, allt det jobbiga. Ibland kanske det känns så hemskt för dig att du egentligen inte ens vill minnas. Vi människor tänker så ibland för att skydda oss, det är okej, även om det är svårt. Därför påminner jag dig om att det är över nu. Du är inte längre där. Du är trygg nu.

Du kanske tänker att du inte är värd ett bra liv, att du inte får leva eller att du är äcklig, tjock och fel. Kanske för att människor gjort äckliga saker mot dig eller sådant som var fel. Det innebär inte automatiskt att du som person är äcklig och fel. Det är stor skillnad. Du är inte det som hände! Men ibland behöver vi ljuga för oss själva för att orka, för att faktiskt överleva. Vi kan ljuga hur mycket som helst för oss själva, det kommer ändå aldrig att bli sant.

Du får faktiskt leva, du borde dessutom ha det riktigt bra. Du var värdefull när det hemska pågick och du tappar inte ditt värde bara för att det är över nu. Du ska inte behöva kämpa för ditt liv, gå omkring på helspänn och kämpa för att skydda dig. Inte behöva ständigt leta tecken på att folk vill skada dig, det finns snälla människor också du kommer träffa och du borde få må bra!

Jag önskar jag kunde ta din hand nu, hålla i den hårt. Omfamna dig i mina bara armar och hålla om dig, berätta för dig att det är okej att vara rädd. Jag vill ta din hand och leda dig bort från det som hände dig, bort från allt det otäcka där skräcken var så stark att du blev splittrad, när vi blev flera inuti och glaset gick sönder. Bort från det som gör dig illa.

Jag lyssnar på dig och vill ta hand om dig. Ge dig det du behöver och ta dig hit till mig här i det trygga, jag har en plats jag vill att du ska se. En plats ämnad just dig. Jag vill ge dig jordgubbar och choklad, ta din favoritfilt att svepa omkring dig. Om det känns bra såklart. Du är trygg hos mig, det farliga är över nu. Jag tar dig till den plats där jag vet att du är i säkerhet, dit ingen annan får komma åt dig, jag har byggt skydd runt omkring.

Jag som är stor hjälper dig, jag fixar en picknick-korg och någonting att sitta på. Där du kan få andas ut. För du är trygg nu. Jag vill hjälpa dig att hitta till det som känns bra, även om du själv inte riktigt vet vad det är, eller vad det innebär att må bra. För det blir så dumt när du kommer fram och försöker skydda, det blir lite tokigt i situationer som faktiskt är ofarliga.

För lilla hjärtat, du inuti - vi är inte kvar i det som hände. Det kommer att kännas enklare igen, jag lovar dig det. Du får vila och återhämta dig på min trygga plats, vi är inte kvar i det hemska. Det är minnen. Bara minnen.

Du är trygg nu. Här hos mig i min famn.

Överlevare: I.S

-

Det var i Januari 2015. Mina converse var blöta av snön och jag kände hur kylan började smyga sig upp från fötterna, längs benen och spridas i hela kroppen. Vi gick över Lidingövallens mörka fotbollsplan som var glashal. Jag halkade till, men Viktor tog tag i mig precis innan jag föll. Jag tackade honom med ett lätt skratt.

V, en kille jag känt i snart två, inte helt nyktra, timmar. Vi satte oss ned på en bänk i ett av avbytarbåsen. Han såg att jag frös och la sin högra arm runt mig, den vänstra armen la han på mitt lår. Till en början var det mysigt. Vi småpratade om allt mellan himmel och jord, det flöt på bra.

Plötsligt tog vår ytliga diskussion en drastisk vändning. Allt gick fort, för fort. Snart kändes det som om Viktor ägde mig.

V, den där snälla och blyga killen på festen som alla tyckte om. Den där killen som alla pratade gott om, som hade bra betyg och var uppvuxen i en fin familj. Den killen satt just precis då och kunde inte hantera ett simpelt nej. Ett ord, tre bokstäver och en svag röst.

Jag ville inte göra diverse saker på eller med honom. Han gav sig inte, men det gjorde jag. Jag orkade inte säga emot när han gång på gång tjatade om att jag skulle suga av honom. Vad hade jag väntat mig egentligen, det är klart att han ville ha något av mig. Och vem är jag att säga nej till det, jag hade ju gett honom hintar hela kvällen och jag var ju faktiskt intresserad av honom. Det är klart jag måste uppfylla hans behov när jag själv har skapat dom, tänkte jag.

Strax därefter, när han kände sig nöjd, gav han mig en kyss på pannan, ställde sig upp och sa att han behövde dra hem, utan mig alltså. Ensam kvar stod jag på lidingövallens kalla fotbollsplan, med Viktors sperma i håret, rinnande mascara och tårar som frusit till is i mina blöta converse.

Det här fick jag uppleva för ungefär två år sedan. Under det första året efter händelsen reflekterade jag aldrig riktigt över vad som hände den där kvällen på lidingövallen, det var nästan naturligt för mig. Men på senare tid har jag insett att det som skedde mig var ett övergrepp. Ett sexuellt övergrepp där V tagit ett extremt övertramp.

Övergrepp kan ske i olika former och situationer. Ingenting är svart eller vitt, men en sak jag lärt mig är att det som känns fel, förmodligen är fel. Det är ingen annan än du som avgör vart gränsen går.

Min syn på sexuella övergrepp har sedan denna händelse förändrats extremt mycket. Innan händelsen innebar ordet övergrepp eller våldtäkt för mig att en pedofil, eller dylikt, drar in en yngre tjej i en skåpbil eller in i en mörk skog. Jag minns alltid hur vuxna sa att jag aldrig skulle prata med främlingar, eller att jag skulle akta mig för skåpbilar. Men jag kan tyvärr inte minnas att de sagt att det är minst lika viktigt att våga säga nej och att även "kompisar" kan gå över gränsen ibland.

Med det sagt vill jag förmedla att det är oerhört viktigt att vi inte normaliserar denna problematik kring övergrepp som sker mellan två parter som faktiskt känner varandra. Det kan handla om ett destruktivt förhållande, om två personer som vill åstadkomma olika saker med deras relation eller att din bästa vän tafsar på dig på "skoj".

Det är vanligare än vi tror med sexuella övergrepp som sker mellan människor som känner varandra och som ofta är i samma ålder.

Våga anmäla om du känner att något har hänt som du inte varit med på, oavsett huruvida bra du känner personen. Våga berätta om något inte känns rätt. Det är aldrig ditt fel, och den enda personen som har rätt till att känna skam är förövaren. Tillsammans kan vi motarbeta dessa typer av övergrepp som sker under så hemliga, men samtidigt så öppna förhållanden.

Överlevare: K.B.Ö

* Viktor heter egentligen något annat.

-

Minnena från barndomen gör mig ständigt påminda. Det spelar ingen roll hur mycket jag försöker distrahera mig, för de letar sig alltid fram tillslut, djupare än någonsin. Ibland kommer de om natten som fasansfulla mardrömmar. Ibland dyker bilderna plötsligt upp helt oväntat utan förvarning. När jag ser andra barn tillsammans med sina föräldrar snurrar massor av tankar i mitt huvud samtidigt som känslorna väller igenom hela kroppen. Allt på en gång. Ibland tänker jag på när jag får egna barn. Jag tänker på allt jag vill ge dem, all kärlek de ska få. Mina barn ska aldrig behöva vara rädda, ledsna eller känna den smärtan jag känt. Men mina barn ska också ha en pappa som finns där för dem, en pappa som är deras superhjälte och trygga punkt i livet. Samtidigt blir det så svårt för mig, det liksom krockar, jag får inte ihop det. För min egna pappa var just det för mig. Han var min hjälte mitt upp i all misär, alla tårar och svek.

Jag var en liten flicka som älskade min pappa mest av allt på hela jorden trots att han tog min barndom ifrån mig. Han var före alla pojkvänner att krossa mitt hjärta men också den första som kramade om mig när jag kom till världen. Men han tog min barndom ifrån mig och såren han skapat kommer alltid finnas inom mig. Även om barnet i mig alltid kommer att älska.

Idag vet jag att det är fel. Inget barn ska behöva bli utsatt för sexuella övergrepp och det är vuxnas förbannade skyldighet att se till att det inte sker. Men det hände mig, oavsett hur många bra vuxna jag hade runt mig. Däremot visste jag inte då att det var fel. Jag trodde det var normalt, jag visste inget annat. Hur skulle jag veta att min pappa inte hade rätten till min kropp, jag var ju bara ett barn och det här var ju min verklighet. Det är det som är så läskigt.

Man kan presentera vilken världsbild som helst för ett barn och det tror att det är så det ska vara. Även om jag levde i de allra mörkaste världar, längst ner på den smutsigaste botten du kan tänka dig så hade jag heller inte upplevt något annat. Jag visste inte hur det var att vara barn eller hur det var att ha trygga kärleksfulla vuxna runt mig. Jag visste inte hur det skulle vara, och då har man heller inget att längta till.

Det hemska blir någon slags trygghet, hur konstigt det än låter. För det hemska är i alla fall något man känner till, man vet hur det är, man vänjer sig. Man vänjer sig men får också betala ett väldigt högt pris för det. Man går i skiten tills den dagen man förstår att det inte är så det ska vara, tills det kommer in någon i ditt liv och berättar för dig att du är värd något bättre. Precis det hände med mig - och jag önskar att jag kan vara den personen för dig.

Det var en lärare som uppmärksammade mig, som såg att det fanns något mer bakom mitt skratt och fasaden som alltid höll mig kvar. Hon kollade mig i ögonen, klappade mig på kinden och kramade om mig. Hon såg min smärta i ögonen och jag såg hennes, hon såg det jag gick igenom för hon hade gått igenom precis samma sak. Hon blev som min förälder och hon visade mig vägen till något mycket bättre. Hon visste, och jag visste att hon visste.

Och jag vet, jag vet hur det är, men jag vet också att det kan bli bättre, och det är inte såhär det ska vara. Så om det finns någon därute som läser detta, som tror att det är såhär det ska vara - så är det inte! Alla förtjänar ett tryggt och kärleksfullt liv. Ingen ska behöva bli utsatt, ingen. Det är aldrig ditt fel. Skammen och skulden hör inte hemma hos dig, den hör hemma hos den som utsatt dig. Du förtjänar trygghet, äkta trygghet. Du är älskad.

Överlevare I.W

-

På kommande sidor kommer du att finna några tips på strategier att ta till när det dåliga måendet gör sig påmint, ingen kräver av dig att du måste prova dem, ingen kräver av dig att du ska få dem att fungera, du är inte dålig om de inte går att genomföra, du har inte mindre ont ifall dem skulle funka. För mig var det svårt att ta till konstruktiva strategier, jag fick ju inte må bra, vad jag insåg och vad jag önskar att du inser är att du får ta hand om dig, du får göra saker som är bra för dig.

-

Här är det första tipset, när det känns som att du förlorar kontakten med omvärlden, när du känner att du behöver skada dig eller när ångesten kommer på besök, ha alltid en karta med iskuber i frysen, lägg dem antingen i en plastpåse för att hålla på handleden eller direkt i handflatan samtidigt som du sluter den. Chocken av kylan gör att de starka känslorna inom dig mattas av. Jag brukade krama isen tills det att kylan tagit över och de destruktiva tankarna eller panikångesten lagt sig. För mig var det ett sätt att hålla kvar kontakten med verkligheten.

Om det låter som någonting som kan funka för dig, prova!

-

Det andra tipset jag vill rekommendera är att flytta fokus, dissociation brukade vara vanligt förekommande för mig och jag kände mig ofta ur balans, vad var verkligt, vad var inte?

Jag insåg att jag kunde hitta tillbaka genom att räkna, lyssna eller se. Jag ställde mig i fönstret och räknade hur många hus jag såg, hur många röda bilar som körde förbi eller hur många ränder det var på tapeten. Jag kunde plugga i hörlurarna eller sätta på en högtalare, jag lät musiken fylla mig samtidigt som jag gjorde allt jag kunde för att fokusera på vad som sjöngs, skulle jag befinna mig i något jobbigt sammanhang räddade mina hörlurar mig många gånger.

Det är lätt att tappa bort sig här, speciellt när hela huvudet känns som en stor röra, ge inte upp utan räkna någonting annat eller fortsätt där du slutade, ta en ny låt eller försök att se någonting annat i din omgivning. Prova lite olika saker och se om du kan hitta någonting som funkar för dig.

-

Det tredje tipset är att helt byta miljö, är man kvar på samma plats när ångesten börjar ticka så är det lätt att man fastnar, jag behövde göra något drastiskt, bara byta rum och byta omgivning. Ibland klarade jag inte att gå för långt utan kunde byta från ett rum till ett annat i min bostad, ibland räckte inte det utan jag behövde komma långt, långt ifrån platsen.

Jag lärde mig att älska promenader, att gå i skogen eller på landet, ett varv runt huset eller till affären, det hjälpte mig att bryta den onda spiral jag annars hamnade i, man behöver inte gå långt, gå på ett speciellt sätt eller prestera någonting under promenaden, det handlar enbart om att släppa in ny luft i lungorna och lossa kedjorna man har omkring sig.

Jag brukade försöka gå på rätt så neutrala platser så att jag inte skulle triggas, jag hade hörlurar i på högsta volym, så inga andra ljud skulle tränga in, det hjälpte för mig, jag vet också att det är tvärtom för många andra, att man kan behöva höra ljuden omkring sig och promenera i en offentlig miljö.

Det finns inget rätt eller fel

-

Tips nummer fyra hjälper dig kanske att lätta upp orosmolnet som finns inom dig, jag brukar sätta på en massa klipp eller en tv-serie och bara förlora mig i det, kolla på någonting lättsamt som inte kräver att man hänger med eller har koll på detaljer. Det brukar hjälpa mig att distrahera tankarna, att kolla på för mig ytliga ämnen gör att det där stora och tunga kan få hamna lite i skymundan. Det försvinner inte men det behöver inte vara så framträdande.

Trots det jag har varit med om så kan jag stå flera timmar och fundera på vad jag ska ha på mig, vad jag ska äta eller störa mig på att mina ögonbryn ser oproportionerliga ut. Sådant kan vara ganska skönt ibland, det där mörka, hemligheterna, de kommer överväldiga dig hela tiden och det behöver de inte göra. Vardagliga företeelser kan finnas också, övergreppen är lika riktiga för det, men det kan vara ett sätt att finnas här och nu.

Först satte jag skuld i det tankesättet, nu vet jag att det är så jag har överlevt, vi är mer än övergreppen.

-

Tips nummer fem är den strategi som jag än idag använder mig av. Den utgör, skriva ner, strukturera upp och planera. Jag vill poängtera att listor är ett hjälpmedel för vissa medan de för andra är ett stressmoment.

Jag vet att hela livet kan kännas kaosartat, man kommer aldrig igång och det känns som att man bara är otillräcklig på så många plan. Man är inte det egentligen men känslorna kan vara rätt så övertygande mellan varven.

Mitt största hjälpmedel i vardagen blev snabbt listor och struktur, rutiner och planering. Vad behöver jag göra idag? Vad kan jag prioritera bort, vad vill jag göra i ett mer långsiktigt perspektiv? Och sedan hela tiden bocka av det man gjort.

I början var det svårt att ha realistiska listor, dem fylldes med allt, därav vill jag tipsa dig om att vara restriktiv och framförallt realistisk. Vissa dagar handlar om att sätta på kaffet, andra har flera aktiviteter i sig.

Hur din lista än ser ut så är det inte för lite på den, den ska vara lagom för dig och för dina förutsättningar. Antingen kan man skriva listan i mobilen, i ett skrivblock eller i en kalender, prova det som du tror kan passa för dig.

Att ha struktur skapar en mening med vardagen och det blir enklare att få dagen att flyta på istället för att hela tiden förlora sig i den onda spiralen. Bena ner listorna, "ha ett jobb" kan kännas alldeles för stort att ha på sin lista så tänk istället vad behöver jag göra för att kunna ha ett jobb? Skriva CV, genomgå en behandling, söka några jobb eller vad det nu kan vara.

Meningen med listorna är att minska känslan av stress, sortera ut det som går i stunden, jag brukar skriva mina listor för dagen efter innan jag går och lägger mig, om jag vaknar och känner att jag inte är i samma form som när jag la mig så lägger jag bara till eller prioriterar bort allt som går från listan.

Du behöver inte vara färdig med listan på kvällen, den är ingen prestation utan ett hjälpmedel, vissa dagar går det inte och jag vill inte att du känner dig värdelös då, du har ju klarat så mycket den dagen ändå!

Jag hoppas att det här kan funka för dig och att det lättar upp den stress som du kanske känner.

-

I det sjätte och sista tipset vill jag nämna en modell att använda sig av vid olika typer av ångest, har du svårt att identifiera vad ångest är och hur det känns kan du prova denna modell om du känner någon form av obehagskänsla. Det jag vill tipsa om då är lite olika frågor som du kan ställa dig när tankarna börjar kännas jobbiga. Dem går i jagform.

- Vilka bevis har jag för att det jag tänker är sant?
- Kan det finnas någon annan förklaring utom den jag antar?
- Kan detta vara min egen tolkning, utifrån min egen oro?
- Vad är det värsta som kan hända? Vad är det bästa som kan hända?
- Vad är det mest realistiska?

- Om det värsta händer, hur kan jag hantera det?
- Är det möjligt att min rädsla förstorar upp detta?

- Är det verkligen så viktigt att hela min framtid vilar på vad som händer?
- Är jag 100 % säker på att detta kommer få så katastrofala konsekvenser?

- Hur många gånger har jag tänkt så här egentligen?
- Hur många gånger har mina tankar visat sig vara sanna?
- Drar jag förhastade slutsatser utifrån de känslor som dominerar mig just nu?
- Bara för att jag känner på ett visst sätt, är det ett bevis på att det nödvändigtvis måste vara så?
- Vad kan jag göra just nu för att må lite bättre?

Vi vågar!

För ett samhälle där alla får finnas

Vi vågar! är en ideell förening som riktar sig till alla som någon gång lidit av psykisk ohälsa eller varit utsatta för ett övergrepp.

Vi är specialiserade inom alla typer av sexuella övergrepp, ätstörningar, hedersrelaterat våld och förtryck, ångest- och trauma problematik, suicid samt sex som självskadebeteende.

Vår vision är att ge alla stödsökande det vi själva saknade i vår resa mot upprättelse, bearbetning och välmående. Vi vill erbjuda en plattform av trygghet, hopp och förändring. Ett individuellt stöd för varje individ är viktigt för oss oavsett om det innebär medföljning till ett jobbigt möte eller hänvisning till vidare kontakter.

Genom att erbjuda skräddarsydda föreläsningar, stödverksamhet, debatt samt kompetens vill vi på ett personligt sätt vara en tillgänglig kraft framåt.

Kontakt:

info.vivagar@gmail.com

help.vivagar@gmail.com

www.vivagar.com

**Alla intäkter för boken skänks till organisationen Vi vågar!*

Viktiga telefonnummer

SOS Alarm 112- nödnummer.

Vid fara för liv, egendom samt miljö.

Polisen 11414- kontakt med polis vid icke akuta ärenden.

www.polisen.se

Vårdguiden 1177- sjukhusrådgivning dygnet runt.

www.1177.se

Kvinnofridslinjen

020-50 50 50- nationell stödtelefon.

Finns dygnet runt för dig som utsatts för våld och hot.

Samtalet är gratis, syns inte på telefonräkningen och du får vara anonym.

www.kvinnofridslinjen.se

Unizon och Roks samlingssida för tjej-och kvinnojourer samt stödverksamheter.

Arbetar för ett jämställt samhälle fritt från våld.

Erbjuder olika typer av stöd runtom i Sverige. Bred samling av stödverksamheter med olika arbetssätt.

www.unizon.se, www.roks.se, www.tjejouren.se

BRIS

116 111- nationell stödlinje för dig under 18 år.

Bris är en barnrättsorganisation som arbetar för att stärka barns rättigheter.

Erbjuder gratis stöd och anonymitet.

Finns bland annat över chatt, mail och telefon.

www.bris.se

Barnombudsmannen

020-23 10 10- nationell stödtelefon för dig under 18 år.

Information om dina rättigheter och vart du kan vända dig för hjälp. Barnombudsmannen är utsedd av regeringen för att företräda barns rättigheter.

www.barnombudsmannen.se

Inspektionen för vård och omsorg

010-788 50 00 - upplysningstjänst vid missförhållande inom vård eller omsorg.

020-120 06 06- för barn och ungdomar.

Samlad information för dig som upplevt brist i vård eller socialtjänst.

Information kring rättigheter vid placering.

www.ivo.se

UMO

Webbplats för alla som är mellan 13 och 25 år.

Svar på frågor om bland annat sex, kroppen, hälsa samt relationer.

Kunskap och råd kring hur du kan söka hjälp.

Egna berättelser samt forum, tips på böcker och filmer.

Bakom UMO står alla landsting och regioner.

www.umo.se

Preventell

o2o- 66 77 88- hjälplinje vid oönskad sexualitet.

Nationell hjälplinje för dig som är orolig för din eller någon annans sexualitet.

Anonym hjälp- och rådgivning.

Möjlighet till behandling för skadereducering i förmån för sexuell hälsa.

Erfaren stödgivare.

www.preventell.se

Wonsa - World of no sexual abuse.

Forskningsinriktad specialistklinik för patienter med psykologiska skador efter incest, våldtäkt och andra sexuella övergrepp.

För tidsbokning eller mer information:

mottagningen@wonsa.org eller info@wonsa.org.

www.wonsa.org

Anteckningar

Anteckningar

Anteckningar